Urs Wiederkehr

Rationale Überlegungen zur Wahrnehmung der religiösen Wirklichkeit

Urs Wiederkehr

Rationale Überlegungen zur Wahrnehmung der religiösen Wirklichkeit

Fromm Verlag

Imprint
Any brand names and product names mentioned in this book are subject to trademark, brand or patent protection and are trademarks or registered trademarks of their respective holders. The use of brand names, product names, common names, trade names, product descriptions etc. even without a particular marking in this work is in no way to be construed to mean that such names may be regarded as unrestricted in respect of trademark and brand protection legislation and could thus be used by anyone.

Cover image: www.ingimage.com

Publisher:
Fromm Verlag
is a trademark of
Dodo Books Indian Ocean Ltd. and OmniScriptum S.R.L publishing group

120 High Road, East Finchley, London, N2 9ED, United Kingdom
Str. Armeneasca 28/1, office 1, Chisinau MD-2012, Republic of Moldova, Europe
Printed at: see last page
ISBN: 978-613-8-37863-1

Rationale Überlegungen zu einer religiösen Wahrnehmung der Wirklichkeit

Das Wissen trennt – Der Glauben verbindet
Sehen – wahrnehmen – verstehen
Fakten – analysieren - deuten
Glauben – hoffen – lieben

Die Religion befasst sich mit der existenziellen Grundfrage des Menschen: Wie muss ich mein Leben gestalten, damit es sinnvoll und gut vollendet wird? Die christliche Religion versucht rational und plausibel mit einer vernünftigen und tagfähigen Hoffnung eine gute und sinnvolle Lebensweise vertrauenswürdig zu begründen. Das erläutert diese Schrift.

GOTT
schafft mit dem Leben die Dankbarkeit
lässt die Liebe als die Pflanze wachsen
in dieser Blüte erwacht das Kind
und die Frucht des Lebens ist die ewige Freundschaft mit
GOTT

Pfingsten 2024

Einführung

Nicht das Wissen, sondern die Wahrscheinlichkeit ist die Grundlage der menschlichen Wahrnehmung der Wirklichkeit.

Die vorliegenden Gedanken eröffnen eine neue Sicht auf die christliche Religion und einen vertieften Blick auf das Leben und Wirken Christi. Dabei wird sichtbar wie notwendig das Vermächtnis Christi für die Menschheit ist, denn mit dem Verlust der ursprünglichen christlichen Religiosität werden die Menschen immer aggressiver, ideologischer und kälter.

Der erfolgreiche rationale Materialismus hat in meiner kurzen Lebenszeit die wärmende Mitmenschlichkeit aus dem Bewusstsein der Menschen vertrieben. Das Dasein wird heute als ein materielles Funktionieren erklärt, das man in Kürze bald vollständig durchschaut habe. Diese vereinfachte Sicht auf die Welt wird dem komplexen Wahrnehmungsvermögen der Menschen nicht gerecht. Menschen sind kleine sterbliche Wesen und keine allmächtigen Götter.

Das wahre Wesen des Menschen liegt in der Spiritualität, mit der sich jede Person die Wirklichkeit deutet, denn die Menschen haben kein sicheres Wissen über sich und die Welt. Menschen sind geistige Wesen, die nach einer sinnvollen Lebensweise suchen. Glaubwürdiges Vertrauen und logisches Denken deuten die Realität und der freie Wille lenkt das menschliche Handeln.

Christus hat seinen Jüngern eine sinnvolle und glaubwürdige Wahrnehmung der Wirklichkeit aufgezeigt. Seine Frohbotschaft ist klar und einleuchtend. Die Menschen leben auf die Vereinigung mit GOTT hin, der alles Leben aus reiner Liebe seiner wunderbaren Schöpfung der Welt schenkt, und der das ganze All am Leben hält.

„GOTT ist die Liebe, und wer in der Liebe bleibt, bleibt in GOTT, und GOTT bleibt in ihm“
(1 Joh 4,16b).
„Die Gnade und die Wahrheit kamen durch Jesus Christus. Niemand hat GOTT je gesehen. Der Einzige, der GOTT ist und am Herzen des Vaters ruht, er hat Kunde gebracht“
(Joh 1,17.18).

Der Weg zum religiösen Glauben

Die mögliche Wahrnehmung GOTTES

Der Begriff Glaube hat heute einen schlechten Ruf. In der Gesellschaft der wissenden Menschen ist der Glaube ein Mangel, der so schnell wie möglich durch ein solides Wissen abgelöst werden muss. Nur das Wissen hat eine reale Bedeutung für eine erfolgreiche Lebensgestaltung. Das exakte Wissen ermöglicht der menschlichen Gesellschaft Fortschritt und Wohlstand. Das Wissen ist heute die einzige und richtige Lebensorientierung geworden, weil der Glaube keine wissenschaftliche Sicherheit besitzt. Will der Mensch sein Leben erfolgreich konstruieren, so braucht er immer ein sicheres Wissen.

Dieses Denkmodell hat einen grundlegenden Fehler. Das exakte Wissen ist nur in der Welt der Objekte möglich wenn die Rahmenbedingungen immer wieder gleich bleiben. Das wissenschaftliche Wissen beruht auf dem Prinzip der Wiederholung, bzw. auf der mathematischen Gleichung. Daher können alle technischen Probleme gelöst und alle Experimente wiederholt werden, weil die Funktionen gleich bleiben. Die Wiederholung bestätigt das richtige Wissen. Kann das Experiment nicht wiederholt, gibt es kein eindeutiges Wissen.

Das menschliche Leben ist ein nicht wiederholbarer Vorgang. Nichts, was ein Mensch erlebt hat, kann exakt wiederholt werden und deshalb fehlt zur Beurteilung des Menschen das exakte richtige und nachprüfbare Wissen. Die Erkenntnis über die menschliche Existenz liefert dem wachen Verstand nur Ähnlichkeiten, die alle Menschen miteinander teilen, aber kein sicheres Wissen, was ein menschliches Wesen wirklich ist und sein soll. Das menschliche Wesen kann nur mit Annahmen, Vermutungen und Wahrscheinlichkeiten gedeutet werden.
Wer oder was ein Mensch ist, weiss daher niemand mit Sicherheit.
Alles, was Menschen über Menschen aussagen, stützt sich nicht auf ein sicheres Wissen, sondern nur auf glaubwürdige Aussagen. Das bedeutet, dass die Menschen in Wirklichkeit in einer Welt des Glaubens, der Annahmen, der Wahrscheinlichkeiten, der Deutungen und nicht des Wissens leben. Die Basis der menschlichen Erkenntnis ist der Glaube. Von zentraler Bedeutung ist daher der religiöse Glaube, denn er will der denkenden Person eine sinnvolle Erklärung für das eigene Dasein vermitteln und er gibt den Menschen eine gefestigte Orientierung für eine gute Lebensführung. Das kann die Philosophie nicht leisten, weil sie in der Welt des Wissens keine eindeutigen Erkenntnisse über das Wesen und das Verhalten der Menschen finden kann.

Mit dem logischen Verstand erkennt der Mensch das sichere Wissen, den Weg für ein gutes Leben aber findet das urteilende Gewissen nur im Glauben.

Diese uralte Einsicht ist seit der Aufklärung immer unbedeutender geworden. Der religiöse Glaube wurde öffentlich bezweifelt, die Kirche hat man als reaktionäre Institution bekämpft und als Hindernis für den Fortschritt abgewertet. Die neuen Ideen der Freiheit, der Gleichheit und der Brüderlichkeit wurden als verbindliche Orientierungen für das Leben in der menschlichen Gesellschaft vorgeschrieben. Aus diesen drei idealen Ideen entstand sehr schnell ein neues ideologisches Wissen. Die Aufklärung wurde zu einer politischen Macht, um die Gesellschaft gewaltsam zu verändern.

Mit der Brüderlichkeit konnte man politisch wenig anfangen. Dieser Begriff bekommt erst jetzt eine besondere Bedeutung indem er gegenwärtig als Relikt der patriarchalen Herrschaft endgültig aus der Sprache entfernt wird.

Die Idee der Gleichheit dagegen hat einen ungeheuren Aufstieg erlangt. Ideologisch wird die Gleichheit überall gefordert, wo eine Ungleichheit gesehen wird. Schon der Kommunismus forderte die Gleichheit aller Menschen, aber er hat die Gleichheit nie realisiert. An Stelle des Adels ist die Partei als Herrscherin über die Massen aufgestiegen, die unerbittlich ihre Genossen knechtet. Ebenso muss heute aus ideologischen Gründen überall in der Gesellschaft, wo „Ungleiches“ entdeckt wird, die Ungleichheit eliminiert werden. Die Ideologie der Gleichmacherei ist unfähig in ungleichen Erscheinungen die Ähnlichkeiten zu erkennen. Ein Weisser kann angeblich das Werk eines schwarzen Künstlers nicht begreifen, denn er kann die Mentalität eines Schwarzen nicht verstehen, weil er als Weisser einem Schwarzen nie gleich sei. Die Ideologie der Gleichheit hat heute kindische Züge angenommen, weil sie die Ähnlichkeit im menschlichen Fühlen und Denken leugnet.

Auch die Freiheit hat sich ideologisch in einen Zwang zur rücksichtslosen Selbstverwirklichung verwandelt. Der erfolgreiche Egoist wird bewundert. Doch nicht jeder kann machen was er will, denn eine Flut von immer neuen Gesetzen schreiben den Individuen vor, was die Gesellschaft von ihnen verlangt. Die Gesellschaft begrenzt willkürlich das Mass der Freiheit. In der nationalen Politik ist die Freiheit ein ideologischer Zwang nach der Maxime: Wir zuerst! Die mit dem gewissenlosen Egoismus verbundene Ideologie zur Selbstverwirklichung zerstört jede Gemeinschaft: Familie, Dorf und Staat.

Die Menschen müssen sich wieder ihrer elementaren Beschränktheit bewusst werden. Das Leben ist begrenzt, die Gesundheit unsicher, das Wissen oberflächlich, das Gute und die Talente ungleich verteilt, das Unglück unvorhersehbar und das Böse unübersehbar auf dieser Welt. Menschlicher Hochmut ist unangebracht, denn das Versagen der Intelligenz ist alltäglich. Die ständigen Misserfolge begleiten die vielen Erfolge. Das Gute wird immer wieder durch das Böse vernichtet. Der freie Wille des Menschen ist zugleich Segen und Fluch. Der Mensch ist grundsätzlich ein hinfälliges Wesen, das immer wieder der Hilfe bedarf. Die Bedürftigkeit kann mit keinem Wissen aufgehoben werden, Jeder Mensch bleibt hilfsbedürftig.

Das neue aufgeklärte Wissen der Menschen ohne den Glauben an einen gemeinsamen GOTT trennt die Menschen, zerstört jede Harmonie in der Gesellschaft und lässt einzelne Personen in den selbstherrlichen Wahn verfallen, ein aussergewöhnlicher „Übermensch", ein Gott zu sein. In der modernen und areligiösen Gesellschaft vermehren sich diese neuen selbsternannten Götter problemlos und sie werden bejubelte blutrünstige Tyrannen. Das gegenwärtige ideologische Denken vieler Menschen mit ihrem neuen und angeblich besseren Wissen, das man jetzt allen Menschen aufzwingen will, vernichtet jede solidarische Gemeinschaft.

Der vorliegende Text in diesem Buch will den Glauben an GOTT aufwerten und die Notwendigkeit einer gemeinsamen und glaubwürdigen religiösen Sprache aufzeigen, um allen Menschen auf dieser Welt ein menschenfreundliches Leben zu ermöglichen. Prinzipiell beruht der religiöse Glaube auf der ganz persönlichen Wahrnehmung der sichtbaren und der unsichtbaren Wirklichkeit, die der Mensch mit seinem Gewissen deutet und beurteilt. Die intensive Bildung des eigenen Gewissens ist daher heute viel wichtiger als die Vermehrung des Wissens, um die religiöse Wirklichkeit auch erkennen zu können. Zudem muss die geistige Person wieder in der Lage sein den unsichtbaren Hintergrund im sichtbaren Vordergrund zu sehen. Das eigene persönliche Leben muss mit dem Verstand, mit den Gefühlen, mit den Ahnungen und mit dem Willen ehrlich und gewissenhaft geprüft werden.

„Was nützt es einem Menschen, wenn er die ganze Welt gewinnt, dabei aber sich selbst verliert und Schaden nimmt" (Lk 9,25).

Allein wenn die Menschen, wie Christus ermahnte, umkehren und sich GOTT, der die vollkommene Liebe ist, zuwenden, können sie die eigenen Unvollkommenheiten ertragen und trotz allen Unvollkommenheiten einander mit Wohlwollen annehmen. Das Leben im Geiste der Bergpredigt Christi eröffnet wunderbare Perspektiven für eine glückliche Gemeinschaft. Dann erfüllt sich das verheissene Reich GOTTES, das jedem politischen Machtdenken wiederspricht. Nur der Geist der göttlichen Liebe befähigt die Menschen über ihren eigenen Schatten zu springen und vereint sie auf wunderbare Weise.

Ist eine Welt ohne GOTT vernünftig?

In der gegenwärtigen europäischen Gesellschaft ist die Frage nach GOTT kein Thema. Die Zahl der Kirchgänger nimmt rapide ab und wahrscheinlich ist bereits mehr als die Hälfte der Europäer konfessionslos. Das ist erstaunlich, denn in meiner Jugendzeit gehörten die Menschen bis auf wenige Ausnahmen immer einer religiösen Gemeinschaft an.

Die Gründe für diese Abwendung von der christlichen Tradition sind vielfältig. Die autoritäre Kirchenstruktur, das dogmatisches Glaubensverständnis, die Kirchensteuer und die Missbrauchsfälle haben die Glaubwürdigkeit der Kirche massiv untergraben. Doch meines Erachtens sind diese Vorwürfe nicht von grundsätzlicher Bedeutung. Es hat in der christlichen Tradition immer und zum Teil noch schwerwiegendere Kritik am Verhalten des Klerus und an der Institution der Kirche gegeben. Die Gründe für den modernen Auszug der Menschen aus Kirche liegen viel tiefer.

In den letzten Jahrzenten hat sich das menschliche Selbstverständnis durch die rasanten wissenschaftlichen Erkenntnisse und die technischen Erfolge grundlegend verändert. Die Menschen, die sich bisher als Geschöpfe einer vorgegebenen Schöpfung verstanden, verstehen sich jetzt selber als Schöpfer einer neuen Welt. Sie fühlen sich als Herrscher über die Welt: Sie benutzen atomare Kräfte, überwinden die Schwerkraft, landen auf dem Mond, kommunizieren in Sekunden mit der ganzen Menschheit, digitalisieren alles Wissen, sezieren die menschliche DNA und mit der KI wollen sie neue und bessere Menschen erschaffen, etc.

All diese Erfolge gründen allein auf logischen Prinzipien. Der Mensch muss nicht mehr glauben; er muss jetzt nur noch wissen, denn mit dem richtigen Wissen kann er alles, was immer er will, machen. Auf diese Weise ist der alte Glaube an eine göttliche Allmacht ein menschliches Werkzeug geworden. Der Glaube an GOTT hat ausgedient, denn jeder technische Erfolg ist ein Produkt der reinen Logik. Der intelligente Mensch fühlt sich jetzt selber wie ein Gott.

Diese Schilderung mag übertrieben erscheinen, doch die moderne Selbstüberschätzung des eigenen Egos bezeugt diese grosse Veränderung der menschlichen Wahrnehmung. Aber diese Überschätzung ist eine Illusion. Zu einem guten Leben brauchen die Menschen, eine sinnvolle Deutung des Daseins, eine religiöse Sprache und GOTT. Die Menschen müssen wieder ihre reale Beschränktheit in der Erkenntnis der Wirklichkeit annehmen.

Denken, wissen und sprechen beruhen auf gedeuteten Erfahrungen

Die abstrakten Begriffe, die eine Person bildet, ermöglichen eine vernünftige Annäherung an die reale Wirklichkeit, die der Mensch mit seinen Sinnen erfahren hat. Der denkende Mensch versucht im geistigen Austausch mit den Mitmenschen und mit der Sprache die Wirklichkeit besser zu verstehen. Die gebildeten abstrakten Begriffe der Sprache sind allerdings nicht mit der Realität identisch. Das bedeutet, dass zwischen der Sprache und der realen Welt stets eine Differenz besteht. Die Wirklichkeit ist immer komplexer als die abstrakten Begriffe. Die menschliche Erkenntnis bleibt sehr beschränkt und das exakte Wissen bezieht sich nur auf enge und begrenzte Ausschnitte aus der realen Welt. Die persönliche Erfahrung steht ursprünglich vor dem Denken, dem Wissen und jeder vernünftigen Erklärung. Das moderne Wissen dagegen stützt sich heute vor allem auf fremdes mitgeteiltes „Schulwissen".

Über den Ursprung der eigenen Existenz und über das Ziel des persönlichen Daseins, sowie über die richtigen Verhaltensweisen findet das Denken allerdings kein sicheres Wissen. Das Bewusstsein nimmt mit den Sinnen viele sehr konkrete Erfahrungen auf, die exakt zu beschreiben sprachlich nicht möglich sind. Ich erfahre mich real, aber ich weiss doch nicht genau, wer ich wirklich bin. Was die Mitmenschen über mich denken, das kann ich nur mit einer gewissen Wahrscheinlichkeit vermuten. Ferner kann ich versuchen die Gegenwart richtig zu interpretieren, aber über meine konkrete Zukunft habe ich überhaupt kein Wissen. Mein exaktes Wissen über mich und die Welt endet in meinem denkenden Bewusstsein immer wieder im Dunkel der Unwissenheit.

Vor und nach dem genauen Wissen steht in meinem Denken der Glaube an eine vernünftige Wahrscheinlichkeit. Jede Erkenntnis beginnt mit Annahmen und endet nach vielen Versuchen vielleicht mit einem vernünftigen und brauchbaren Ergebnis. Nüchtern betrachtet leben die Menschen immer in einer Welt des Glauben und der Hoffnung. Es ist eine Illusion zu glauben, dass die KI in Zukunft alles erklären könne, denn es gibt für die Menschen kein Entrinnen aus der übergrossen Unwissenheit. Im Bewusstsein der geistigen Person bleibt jedes Wissen im Glauben und Vertrauen eingeschlossen. Alles Denken ist nur eine Abstraktion, bzw. ein enger Auszug aus der Wirklichkeit.

Auch die Sprache ist nur eine Annäherung an die Wirklichkeit. Der vorliegende Text verzichtet auf die Anwendung einer gendergerechten Sprache. Wenn ständig die männlichen und die weiblichen Formen explizit vorgegeben werden, so widerspricht dies der vorgetragenen Gleichheit der Geschlechter, denn es wird nicht die Gleichheit, sondern mit der penetranten Betonung der unterschiedlichen Geschlechter wird nur die Ungleichheit hervorgehoben.

Die verschiedenen Denkmodelle

Erkennen und glauben, wissen oder deuten

Die Deutung der Welt ohne GOTT wirft wieder ganz elementare Fragen im Selbstverständnis der Menschen auf. Die Menschen haben sich von der Tradition abgewandt und schauen gebannt auf die Technik und den Fortschritt. Man glaubt, dass sich die Menschheit mit der richtigen Aufklärung allein von ihrer Misere befreien könne. Das Mass aller Dinge ist der intelligente Mensch mit seinem korrekten Wissen. Seither werden die menschlichen Verhaltensweisen ständig mit neuen Ideen überhäuft, und mit ideologischen Behauptungen will man jetzt sogar die Gesellschaft zu einem „korrekten" Lebensstil zwingen. Aus Ideen werden absurde Ideologien konstruiert.

Noch werden die Grundsätze der überlieferten christlichen Moral weitgehend beachtet, doch in der modernen Gesellschaft verlieren die echten moralischen Verbindlichkeiten immer mehr an Bedeutung. Die neuen gesellschaftlichen Eliten wollen in der Gesellschaft nur noch ihre eigenen Ideen über das korrekte menschliche Verhalten durchsetzen. Für das Geschehen auf dieser Welt seien allein die Menschen verantwortlich, urteilt die elitäre Gesellschaft. Kein GOTT herrsche über die Welt; vielmehr bestimmen allein die intelligenten Menschen über das Wohlergehen der ganzen Menschheit.

Die Welt wird rational analysiert und die Menschen werden objektiviert. Die geistige Person ist ein Objekt geworden, das wissenschaftlich erfasst, manipulierbar ist. Man ist im sicheren Wissen verankert und ist überzeugt, dass sich alle Probleme mit logischer Intelligenz lösen lassen. Diese Annahme führt unweigerlich zu einer irrealen Selbstüberschätzung des Menschen.

Um die Welt zu regieren, brauchen die intelligenten Menschen keine göttliche Hilfe, glaubt man zu wissen. Mit dem richtigen Wissen und der nützlichen Technik könne man heute die Natur und das Universum beherrschen. Der Mensch muss sich nicht mehr der der Natur anpassen, vielmehr muss sich die Wirklichkeit den logischen Vorstellungen und der konkreten Ausnützung durch die intelligenteren Menschen anpassen. Das ist das neue Denkmodell der Menschen. Der Mensch beherrscht die ganze Welt.

Nicht mehr die Suche nach dem Gemeinsinn und das Vertrauen in die Verantwortung der Menschen vor GOTT, leitet seither das Denken und Handeln der aktuellen Gesellschaft und der ideologischen Aktivisten, sondern ihr neues korrektes Verständnis der Wirklichkeit soll jetzt die Welt nach ihren Ideen verbessern: Alles liegt in den Händen der Menschen.

Wir können und schaffen alles!

Die Frage nach GOTT, nach Etwas, das grösser als der Mensch sein könnte, wird im neuen ideologischen Denkmodell nicht mehr gestellt. Die Verdrängung der Wirklichkeit GOTTES aus dem Denken schafft allerdings neue Probleme. Das Zusammenleben der Menschen wird immer schwieriger, weil es in Wahrheit überhaupt keine gemeinsame Vorstellung gibt, wer die Menschen in Wirklichkeit sind, und was sie zu denken und zu tun haben. Wenn angeblich jeder machen kann, was er will, wie das moderne Denkmodell der Selbstentfaltung propagiert, wird Chaos herrschen Das ist offensichtlich. Um das zu verhindern, versucht man alle Menschen per Gesetz gleich zu machen, und meint damit den Zustand der Anarchie verhindern zu können. Doch das ist eine Illusion. Die Menschen sind individuelle Subjekte und keine formbaren Objekte. Sie machen, bzw. können tun, was sie wollen.

Der Blick in die Zukunft hat sich verdunkelt, denn es wird immer deutlicher sichtbar, dass die Menschen heute die Welt nicht nur verbessern können; sie sind vielmehr bereits in der Lage die Welt der Menschen endgültig zu zerstören. Die naive Begeisterung für den technischen Fortschritt schwindet und eine pessimistische Zukunftsperspektive erfasst die Menschheit. Wird der Mensch in Zukunft noch sinnvoll über sich und sein Leben bestimmen, oder werden die Menschen bald von der intelligenteren Technik versklavt?

Die Selbsterhöhung der Menschen führt jede Gesellschaft ins Chaos, weil jeder glaubt, er allein habe doch objektiv das „bessere" Wissen. Hält sich der intelligente Mensch für das höchste denkende Wesen, so möchte er sich auch mit seiner Überzeugung in der Gesellschaft durchsetzen. Dieser Mensch ist dann bereit Schaden in der Welt anzurichten, wenn die Mitmenschen seinem Wissen und Willen nicht „gehorchen". Heute haben Tyrannen ein leichtes Spiel, weil die Menschen glauben, jeder Mensch sei nur sich selber gegenüber verantwortlich. Die feigen Menschen ducken sich automatisch vor dem „Boss" und sie wollen gleichzeitig von ihm profitieren. Die Mitmenschlichkeit wird dem Egoismus unterstellt. Dieses Denkmuster der ichbezogenen Eigenverantwortung des Menschen ist unmenschlich, weil es den Bösen jede Bosheit erlaubt.

Das objektive Wissen ermöglicht keine menschenfreundliche Welt, denn das Wissen allein erlaubt den Menschen das Gute und auch das Böse zu tun. Die logische Erkenntnis ist zudem komplexer und sie stützt sich nicht nur auf die objektive Erfassung und Berechnung der Welt ab. Die rechteckigen Flächen können exakt berechnet werden, aber bereits bei der genauen Berechnung einer runden Fläche mit der Zahl Pi hört die Exaktheit auf. Kreise werden nur annähernd exakt erfasst. Alle Statistiken ergeben ebenso immer nur Annäherungen. Das Rechteck und der Kreis sind einleuchtende Beispiele für die menschliche Wahrnehmung. Der Mensch muss sicheres Wissen und glaubwürdige Wahrscheinlichkeiten erfassen, wenn er sich selbst und die Welt verstehen will. Allein exaktes Wissen und glaubwürdige Deutungen können

das Leben sinnvoll erklären. Die moderne Objektivität der menschlichen Erkenntnis ist eine unvollständige Sicht auf die Wirklichkeit. Die objektive Wissenschaft bewährt sich auch nicht in der Analyse von Gefühlen, die vom Verstand ebenfalls nicht exakt und vollständig erfasst werden.

Die Menschen waren sich immer bewusst, dass sie in ihrem Denken und Handeln einer höheren Autorität gegenüber verantwortlich sind. Das wissen die Kinder, das weiss die Gemeinschaft und das ist auch dem vernünftigen Individuum bewusst. Jede Religion beruft sich immer in der Beurteilung der menschlichen Taten auf eine „höhere" Instanz. Die Menschen sind daher in ihrem Denken und Handeln dem unsichtbaren GOTT gegenüber jederzeit auch verantwortlich. Ohne diese Bindung wird der Mensch gewissenlos.

Die moderne Verdrängung der Gottesfrage schafft neue enorme Probleme, denn unwillkürlich werden die Menschen in einer gottlosen Gesellschaft zu Statisten degradiert. Das wird sehr deutlich in der kommunistischen Ideologie, nach der der Mensch kein freies Subjekt ist, sondern ein Objekt, das sich der richtigen kommunistischen Ideologie anpassen muss, wenn es in dieser Gesellschaft leben will. Den gleichen unerbittlichen Massstab verwendet der völkische und extreme Nationalismus, der sich in seinem Selbstverständnis als absolute und endgültige Grösse auch über GOTT hinweg setzt.

Die moderne Gottvergessenheit löst kein einziges existenzielles menschliches Grundproblem, vielmehr treibt der Blick auf das konkrete menschliche Handeln den Verstand in die Verzweiflung. Warum lügen intelligente Menschen, führen Angriffskriege zum angeblichen Wohl des Nachbarvolkes durch, zerstören deren Lebensgrundlage und töten sinnlos unzählige Mitmenschen. Menschen können sich offensichtlich schlimmer als jedes Raubtier verhalten. Die Menschen sind keine Engel, aber sie können jederzeit zu Teufeln werden.

Die Frage nach GOTT kann vom menschlichen Selbstverständnis nie getrennt werden. Wer sich selbst erforscht, sucht immer nach einem verständlichen Daseinsgrund und nach einem vernünftigen Lebensziel. Unsere Vorfahren haben den Daseinsgrund und das Lebensziel des Menschen mit GOTT zu deuten versucht. In der eigenen Wahrnehmung der Umwelt erkennt sich die geistige Person als ein „verlorenes" Wesen und als eine winzige „Zufälligkeit" in einer riesigen unfassbaren Wirklichkeit. Die denkende Person sucht nach einer vernünftigen Deutung des Daseins, um sich in dieser faszinierenden Welt geborgen zu fühlen. Daher glaubt jeder vernünftige Mensch unwillkürlich an das Gute, bzw. an GOTT.

Die geistig erwachte Person ist sich klar bewusst, dass sie sich nicht selber erschaffen hat. Der Geist erkennt mit dem Verstand Einzelheiten in der vorgegebenen Natur, das Bewusstsein besitzt die Erkenntnis von intensiven Gefühlen, und der Wille verfügt über eine begrenzte Freiheit sich zu entscheiden. Dabei spielt der Glaube der Gesellschaft eine grosse Rolle.

Die Rolle der Religion in der Gesellschaft

Jede Religion versucht grundsätzlich der geistigen Person einen vernünftigen und sinnvollen Weg in der Lebensgestaltung aufzuzeigen. Religionen wollen das unzulängliche Wissen der Gemeinschaft für ein sinnvolles und gutes Leben vervollkommnen. Sie versuchen, die übermächtige Kraft der menschlichen Gefühle auf eine richtige Weise für das Gemeinwohl einzubeziehen, und sie weisen auf die übersinnlichen Wahrnehmungen im Bewusstsein der Personen hin, denn sie wollen der geistigen Person eine sinnvolle Lebensweise aufzeigen. Sie möchten verhindern, dass die menschliche Neigung das Böse zu tun die Gemeinschaft nicht zerstört. Jede Religion will den unwissenden Menschen Sicherheit, Halt und Stärke geben, damit sie die komplexen menschlichen Wahrnehmungen der Wirklichkeit vernünftig deuten und verstehen können.

Es gibt Personen, die über unerklärliche Fähigkeiten verfügen. Zu diesen aussergewöhnlichen Begabungen gehören überraschende Eingebungen, plötzliche Erleuchtungen, Hellsehen, pendeln, heilende Hände und die künstlerischen Talente. Wunderliche Dinge und unerklärliche Wunder können im menschlichen Leben geschehen, die der rationale Verstand nicht erklären kann. Viele Menschen bleiben in einem innigen Kontakt mit einem geliebten Verstorbenen und an Wallfahrtsorten zeugen unzählige Dankestafeln von der wunderbare Hilfe der Heiligen in speziellen Nöten. Da diese Ereignisse einmalig sind, können sie wissenschaftlich auch nie nachgeprüft werden. Das Wunderbare und das Wunder in der Natur können die Menschen ebenfalls nur staunend sehen und erkennen. Der rationale Verstand kann das Wunder der existierenden Welt in Wahrheit nicht erklären. Vielmehr gilt:

Die Welt ist kein fassbares Objekt das rational zerlegbar ist. Die Wirklichkeit ihrer Existenz und das individuelle menschliche Leben auf dieser Erde sind ein einziges, unfassbares und wunderbares Geheimnis.

Die Religion wird von Menschen vermittelt die an die natürliche und an die „übernatürliche" Wirklichkeit glauben. Die Basis der Religiosität liegt in der staunenden Dankbarkeit gegenüber dem Leben. Das Religiöse wird zudem emotional und rational von der individuellen Person wahrgenommen. Jede Religion hat folglich ein sichtbares menschliches „Gesicht" und einen nicht fassbaren „Geist". Für das Christentum ist die Kirche das „Gesicht" und im unfassbaren „Geist" sind die GOTTES- und Nächstenliebe geborgen. Der Christ glaubt und vertraut dem Heiligen Geist, der ihn zum Guten drängt.

Die Religion gibt dem Individuum eine innere intellektuelle Sicherheit in der unsicheren Welterkenntnis, sie vermittelt Klarheit in den mitmenschlichen

Gefühlen und sie weist die geistige Person an, immer wieder das Gute für die Gemeinschaft zu suchen. Das rationale Denken und das emotionale Fühlen der geistigen Person werden auf die Verantwortung des Menschen vor der nicht sichtbaren aber realen Wirklichkeit GOTTES ausgerichtet. Das ist eine vernünftige und vertrauenswürdige Annahme. Der Mensch lebt nicht für sich: Er lebt nach der christlichen Deutung für die „Andern", und er wird zum Mitschöpfer der Welt.

Der rationale Verstand erkennt klar, dass die Welt einen Schöpfer braucht. Wissenschaftlich kann aus dem Nichts auch nichts entstehen. Diese nicht sichtbare aber wirkmächtige Realität wird als GOTT bezeichnet, denn dieser Schöpfergott hat eine völlig andere Dimension, die nicht den erkennbaren Gesetzen der Natur entspricht. GOTT ist Einheit und Vielheit, Geist und Materie, sichtbar und unsichtbar, immanent und transzendent.

Die Religion versucht also das Dunkel in der menschlichen Erkenntnis zu klären, sie will die emotionalen menschlichen Kräfte bändigen und sie möchte den Menschen eine positive Einstellung zum Leben geben. Jede Religion bietet daher Feste, feierliche Zeremonien, Gebote und Verbote für die Lebensführung an. Das Sichtbare, die intellektuelle Erfassung der Welt, das wahrscheinlich Mögliche und die unsichtbare Wirklichkeit sollen die Menschen zu einem gemeinsamen und friedlichen Leben anleiten. Religionen haben immer eine emotionale und eine rationale Dimension. Die Religionen bieten normalerweise vernünftige Konzepte an, die allerdings der menschlichen rationalen Überprüfung standhalten müssen. Das gilt auch für die christliche Religion.

Das Christentum bezeichnet GOTT als die allesumfassende Liebe. Diese Vorstellung entspricht nicht der Logik, die alles in klare Begriffe einbinden will. Doch die Logik ist eine Abstraktion und sie erfasst nicht die ganze Wirklichkeit. Die Erfahrung der Liebe ist eine emotionale Realität, die z. B. der rationale Verstand nicht wirklich verstehen kann. Die überraschende Liebe wird passiv erfahren, aber die mitmenschliche Nächstenliebe wird bewusst als ein Geschenk gespendet.

Die Liebe GOTTES kann nicht über den logischen Verstand wahrgenommen werden. Die göttliche Wirklichkeit wird vom Bewusstsein erahnt und subjektiv als eine konkrete Wirklichkeit geistig erfasst.

Jede Person hat eine subjektive Wahrnehmung der Wirklichkeit. Die Person ist zudem ein offenes Subjekt, das sich mit seinem freien Willen gestalten kann und kein geschlossenes Objekt, das gesetzmässig funktionieren muss. In der christlichen Deutung ist das Leben ein Geschenk der Liebe GOTTES und der sich seiner bewusst werdende Mensch ist aufgerufen, durch sein Denken und Handeln das eigene und individuelle Leben in Wohlwollen und Güte zu verschenken.

Die subjektive Wahrnehmung GOTTES

Erstaunlicherweise gehen heute die Menschen, wenn sie von GOTT reden, immer von einem rationalen Denkmuster aus. Das Erste, was ihnen einfällt ist die simple Frage: Kann man die Existenz GOTTES beweisen? Sie bleiben in der geistigen Auseinandersetzung mit GOTT stets in der rationalen und abstrakten Denksphäre verhaftet und suchen krankhaft nach Sicherheiten. Doch diese Sicherheit gibt es für die Wahrnehmung GOTTES nicht, denn GOTT ist nicht ein begrenztes, fassbares und zerlegbares Objekt, das vom Verstand erfasst werden kann.

GOTT wird, wie die Liebe, zuerst emotional und existenziell erfahren, bevor der rationale Verstand begreift, was da geschieht. Wer also die Existenz GOTTES sucht, muss zuerst seine Emotionen und Gefühle beachten, denn über diese Erfahrungen offenbart sich GOTT der staunenden Person. In der realen Erfahrung der echten zwischenmenschlichen Beziehungen verändert sich der Begriff „Liebe“ vollkommen, wenn der Mensch von der wahren Liebe getroffen wird. Das Verhältnis zwischen dem Liebenden und dem geliebten Mitmenschen wird plötzlich zu einer unerhörten existenziellen Bereicherung, die mit Worten nicht mehr zu erklären ist. Es ist also der Geist der Liebe, der die Person radikal verändert. In der Liebe erfasst jetzt die geliebte Person die Wirklichkeit wunderbar und neu. GOTT wird emotional und existenziell bewusst erfahren.

Wo bin ich in meinem Leben von einer unerklärlichen und wunderbaren Liebe existenziell getroffen worden? Das macht die „Sache mit der Liebe“ nicht leicht, denn über die reale Liebe zu sprechen, ist in gewisser Weise unmöglich, weil die Emotionen stärker als die Worte sind. Es ist wie beim Glücksgefühl: ein unbeschreiblicher Zustand. Wer also von GOTT spricht muss zuerst seine emotionalen Gefühle gegenüber der Wirklichkeit überprüfen, und er muss achten, wo ihn eine reale und unerklärliche Liebe wirklich berührt hat.

Über die Liebe kann man jederzeit rational und intelligent reden. Doch wenn die Person von der Liebe getroffen wird, werden die Worte unzulänglich. Die erfahrene Emotion der Liebe macht der geliebten Person klar, dass ursprünglich jede rationale Erkenntnis einer subjektiven Erfahrung folgt. Nicht das rationale Erkennen steht am Anfang der Wahrnehmung, sondern die gefühlte Wirklichkeit. Das gilt auch für die Erfahrung der Liebe GOTTES. Über den Verstand wird GOTT als Schöpfer der ganzen Welt theoretisch notwendig. Die geistige Person kann GOTT als die absolute Liebe emotional und existenziell erst erfahren, wenn sich GOTT mit seiner Liebe dem Individuum unerwartet offenbart. Diesen Weg zur Erkenntnis GOTTES zu gehen, fällt den heutigen Menschen schwer, weil sie wissen wollen, statt auf das Gewissen, eine innere Gewissheit zu hören.

Heute nehmen die Menschen die Wirklichkeit immer nur rational wahr, und sie glauben, dass die Emotionen unwichtige Nebensächlichkeiten seien, die den Verstand beeinträchtigen. Sie reden objektiv über zwischenmenschliche Beziehungen und schieben die Gefühle weg, weil sie meinen, dass die Gefühle die Realität verdunkeln. Sie verhalten sich also wie Menschen, die von der Liebe objektiv reden ohne sie je existenziell erfahren zu haben.

In der Tat kann der Mensch sein ganzes Leben über die Liebe reden ohne je von der wahren Lieber getroffen worden zu sein. Die echte Liebe ist ein Geschenk. Über Liebe kann man immer reden, aber die wahre Liebe kann man nicht machen. Der Verstand kann rational nur den sexuellen Antrieb analysieren.

Die christliche Religion betont, dass der Mensch ein reines Geschenk der göttlichen Liebe sei. Diese Aussage muss der Mensch auch konkret erfahren können, um sie als wahre Realität anzunehmen. Ohne diese gefühlte Wahrnehmung der göttlichen Liebe bleibt der Glaube in intellektuellen Konstrukten über GOTT und die Welt tot.

An diesem Punkt ist die moderne Gesellschaft angekommen, denn das objektive Denken hat die subjektive Wahrnehmung verdrängt. Damit bezeugen diese intellektuellen Denker nur, dass sie auch die Menschen nicht mehr verstehen und sie für manipulierbare Objekte halten. Gefühllosigkeit ist daher heute eine wesentliche Folge aus dem Verlust der christlichen Tradition. Emotionen sind unabdingbar für das religiöse Verständnis der Wirklichkeit.

Nach der Reformation hat die katholische Kirche sich nur festigen können, indem sie die emotionale Wirkung der Glaubensaussagen betonte. Der Barock wurde zum Inbegriff der katholischen Lebensweise und der Kunst. Der Glaube wurde sinnlich erfahrbar. Die Menschen fühlten sich in der Fülle der Altäre und den bunten Kirchen wohl, die voll von Heiligenbildern waren. Prozessionen, feierliche Hochämter, öffentliche Gebete erfüllten den Lebensraum der Menschen. Der Verstand verband sich mit den menschlichen Gefühlen zu einer wunderbaren und eindrucksvollen Wahrnehmung der Wirklichkeit. Das Leben im Glauben wurde als ein wunderbares Geschenk der göttlichen Liebe dankbar angenommen.

Das barocke Lebensgefühl verschwand leider nach der Aufklärung auch in der Kirche, die sich immer mehr um einen rationalen Glauben bemühte. Der Katechismus wurde zu einem sicheren Wissen überhöht. Das religiöse Dogma wurde über die emotionale menschliche Erkenntnis gesetzt, bzw. das Dogma als eine rationale Einsicht durfte nicht mehr angezweifelt werden. Der religiöse Glaube wurde von der Wirklichkeit abgetrennt, überhöht und als absolute Wahrheit dargestellt. Dabei übersah die kirchliche Autorität, dass der Glaube nie ein sicheres Wissen werden kann. Die Aufklärer und die Gläubigen streiten sich seither um eine angeblich absolute Wahrheit in der Erkenntnis der Wirklichkeit, die es für die Menschen gar nicht gibt.

Die Kirche wurde allmählich zu einer die Menschen belehrenden Institution. Die emotionalen religiösen Aspekte des Glaubens werden heute vernachlässigt. Selbst der Gottesdienst wird jetzt rational ausgelegt und als eine Religionsstunde vorgetragen. Die Erwartung der realen Gegenwart Christi in der Messfeier wird durch die Überbetonung der Worte des Priesters zurückgestellt Die Anrufung GOTTES in den Bittgebeten bedenken nicht mehr, was der Heilige Geist jetzt den Gläubigen zu sagen hat, sondern die Gebete werden nur noch auf die Erfüllung der eigenen Bitten ausgerichtet. Das Wort GOTTES wird in der Glaubenslehre dogmatisch und in der Bibelwissenschaft nur noch intellektuell ausgelegt.

Das Dogma ersetzt heute in der kirchlichen Gemeinschaft die Nächstenliebe. Mit dem dogmatischen Anspruch auf die absolute Wahrheit setzt sich die Kirche in eine unglaubwürdige Position, denn die kirchlichen Vorschriften mit den vielen Geboten und Verboten entsprechen nicht mehr der von Christus geforderten fühlbaren Liebe zu den Mitmenschen. Die Weisungen der Kirchenleitung werden zudem als endgültige göttliche Gebote dargestellt und jede Kritik an der kirchlichen Amtsführung ist verboten. Es entfaltete sich eine autoritäre Führungsstruktur in der katholischen Kirche nachdem sich der Papst als unfehlbar erklärte. Diese faktische Amtsvollmacht regiert seither das offizielle Kirchenverständnis von Bischöfen.

„Wenn ich spreche, spricht Christus", behauptet unbedarft ein Bischof.

Die Betonung der Amtsvollmacht in der Kirche ist prägend für den Umgang mit den Gläubigen. Die Nächstenliebe wird der kirchlichen Autorität unterstellt. Der alte wohlwollende Umgang in der Kirche ist in der Amtskirche durch die Forderung nach einem absoluten Gehorsam ersetzt worden. Die Einhaltung der autoritären Strukturen ist jetzt der wahre Massstab im Umgang mit den Gläubigen und ihren Problemen. Die Nächstenliebe wird als Gesetzestreue ausgelegt, und wie in der Zeit Christi ist wieder allein das Gesetz die Basis für das richtige Verhalten. So dachten damals auch die Schriftgelehrten.

Wir haben ein Gesetz und nach diesem Gesetz muss er sterben! (Joh 19,7).

Dieser kirchliche Absolutheitsanspruch in Glaubensfragen ist nicht haltbar, denn der Glaube beruht auf Vertrauen und nicht auf einem sicheren Wissen. Der Glaube stützt sich nicht auf das Wissen, sondern auf die Gewissheit, die subjektiv als eine absolute Wahrheit gefühlt und verstanden werden kann. Ein sicherer Absolutheitsanspruch für die vollständige Erfassung der Wirklichkeit ist in Wahrheit übrigens auch in der Wissenschaft nicht gegeben.

Grundsätzlich muss jeder Mensch immer alles glauben, was er weiss.

Das wahre Fundament für das rationale Erfassen der Wirklichkeit ist das Vertrauen. Die wichtigste Basis für jedes menschliche Handeln ist die vernünftige Wahrscheinlichkeit, die von glaubwürdigen Erkenntnissen begleitet wird. Nicht das Wissen, sondern die Gewissheit bestimmt die richtige Lebensweise der Menschen. Auch der intelligente Mensch kann von Lügen und Selbstbetrug befallen werden, wenn er nicht ständig sein Denken und Fühlen mit dem Willen zur Auffindung der Wahrheit überprüft. Daher muss jede Person ihre Entscheidungen mittels des Gewissens ständig rational und emotional überprüfen, um im eigenen Handeln das Gute verwirklichen zu können. Das erfordert viel Zeit und Geduld.

Der Mensch nimmt die Wirklichkeit mit seinen Sinnen wahr. Neben den fünf Sinnen hat er auch noch den 6. Und den 7. Sinn. Jeder Mensch hat ein echtes „Bauchgefühl" mit dem er häufig seine schwierigen Entscheidungen zu begründen versucht. Zudem hat er ein waches Gefühl, das ihn bei allen Entscheidungen für zukünftige Tätigkeiten berät. Manche Menschen können zudem mit ihren ausserordentlichen Fähigkeiten Dinge erkennen, für die es keine rationale Erklärung gibt.

Warum hat Hitler vorzeitig seine Rede abgebrochen, ist aus dem Bierkeller gerannt wo kurz darauf die Bombe explodierte, die ihn töten sollte? Selbst beim letzten Attentat ist er nicht, wie vorgesehen, in den Bunker, sondern in die Holzbaracke zur Lagebesprechung gegangen. So hat die Bombe die Baracke zerstört, aber Hitler nicht getötet. Im Betonbunker wäre er getötet worden. Dieser Verbrecher hat jedes Attentat überlebt. Kann man da noch von Zufall reden? Es gibt offensichtlich ein „Wissen", das man logischerweise gar nicht wissen kann.

Der Mensch will sich in seinem Dasein auf dieser Welt wohlfühlen und zugleich einen vernünftigen Sinn in seinem Denken und Handeln erkennen. Die menschliche Wahrnehmung der eigenen Wirklichkeit ist ein sehr komplexer Vorgang, Verstand und Gefühl müssen übereinstimmen, Glaube und Hoffnung sollen begründet sein und auch das menschliche Umfeld möchte man als gut erleben. Das sind leider keine gesicherten Voraussetzungen im Leben.

Die subjektive Wahrnehmung der anwesenden göttlichen Liebe schenkt der Person eine starke Lebenskraft, denn im Angesicht GOTTES, der die Menschen liebt, erlangen sie die Gewissheit, dass alles gut wird. Diese religiöse Botschaft erfüllt die geistige Person mit einer grossen inneren Gelassenheit und Zuversicht. Das Vertrauen, die gute Hoffnung und die Erfahrung der göttlichen Liebe lassen subjektiv das Leben als sinnvoll und gut erscheinen.

„Jetzt erkenne ich unvollkommen, dann aber werde ich durch und durch erkennen, so wie auch ich durch und durch erkannt worden bin. Für jetzt bleiben Glaube, Hoffnung und Liebe, diese drei; doch am grössten ist die Liebe" (1Kor 12.13).

Die gefühlte Wahrnehmung der göttlichen Liebe als Gegenpol zum wissenschaftlichen Denken

Es ist eine Illusion, dass der Mensch mit seinem rationalen Verstand etwas über GOTT aussagen kann. Das ist wie eine Rede über die Liebe, die man in Wirklichkeit noch nicht existenziell erfahren hat. Daher bleiben auch alle philosophischen Betrachtungen über GOTT farblos und sie bleiben dem Widerspruch ausgesetzt. Wenn ich also behaupte: GOTT ist allmächtig, so lässt sich diese Allmacht durch die steten Katastrophen auf dieser Welt keineswegs begründen. Bei dem dauernden Unrecht, das die von Gott geschaffenen Wesen ständig verüben, ist es schwierig von einem GOTT der Gerechtigkeit zu sprechen. Was immer die Menschen rational über GOTT aussagen, wird auf der Welt von der Wirklichkeit widerlegt. Es gibt daher keinen logischen Gottesbeweis. Der moderne Mensch glaubt fälschlicherweise an sein sicheres wissenschaftliches Wissen, das er in Wahrheit gar nicht hat.

Die Auslegung der Schriften des neuen Testamentes wurde in den letzten Generationen immer stärker wissenschaftlich untersucht. Das war ein wertvoller Beitrag für das Verständnis der Botschaft Christi. Die Glaubwürdigkeit der neutestamentlichen Berichte konnten bestätigt werden. Anderseits hat diese wissenschaftliche Sicht auf die biblischen Texte die Exegeten in neue Schwierigkeit gebracht. Im naturwissenschaftlichen Denken ist das Wunder keine reale Möglichkeit. Der intelligente Exeget konnte die Glaubwürdigkeit der Überlieferung jetzt nachweisen, aber er musste gleichzeitig als moderner Wissenschaftler das Wunder ablehnen. So definierte er die Texte radikal neu. Die Texte wären lediglich als der subjektive Glaube der Jünger zu verstehen. Die Jünger glaubten an die Wunder Jesu, die es wissenschaftlich in Wirklichkeit gar nicht geben konnte.

Diese Sichtweise der Exegeten zerstört allerding jeden vernünftigen religiösen Glauben, weil das Wunder und das Wunderbare in der Wahrnehmung der Wirklichkeit geleugnet wird. Die rationale wissenschaftliche Beobachtung der Welt kann Christus und seine Botschaft nicht verstehen.

Wenn die rationale logische Sicht als einzige Basis für das Weltverständnis angenommen wird, verliert der religiöse Glaube jede Bedeutung. Der Glaube wird zum Mythos, die biblischen Erzählungen werden zu frommen Erbauungsgeschichten umgedeutet, und die Botschaft Christi entpuppt sich als eine lebensfremde Belehrung. Die das Leben gestaltende Kraft des Glaubens verschwindet und aus Christus wird eine Gestalt wie Sokrates in der antiken Welt: Ein aussergewöhnlicher Exzentriker.

Die Kirche war den neuen wissenschaftlichen Herausforderung nicht gewachsen. Sie versuchte ihrerseits den Glauben als ein höheres Wissen zu erklären, das über dem wissenschaftlichen Wissen steht. So wurde der religiöse Glaube zu einem ideologischen Konzept, das nun wie ein wissenschaftliches Ergebnis nicht mehr hinterfragt werden durfte. Diese Position ist nicht haltbar, und sie zerstört jeden Glauben.

Um den Glauben zu retten, verformen die traditionellen Gläubigen den Glauben zu einem unerschütterlichen Dogma, während die Progressiven den überlieferten Glauben der Zeit anpassen wollen. Beide Wege wollen mit dem rationalen Verstand den Glauben retten, doch das sind Irrwege.

Beide Deutungen werden der christlichen Botschaft nicht gerecht. Am Beginn des Glaubens steht die subjektive, gefühlte und geprüfte Erfahrung. Der wahre Glaube entsteht nicht durch das rationale Wissen. Das logische Wissen kann auch keinen Glauben erschaffen, vielmehr kann der Verstand mit seinem Wissen nur die Glaubwürdigkeit von Aussagen prüfen, die eine Person fühlt. Der Glaube, die Hoffnung und die Liebe sind grundsätzlich reale, gefühlte Wahrnehmungen der geistigen Person. Sie stehen immer am Beginn jeder Wahrnehmung. Nicht das Wissen sondern das Gewissen ist die Grundlage der menschlichen Erkenntnis. Das Gewissen beurteilt die Glaubenswahrheit.

Vom Standpunkt des Gewissens aus betrachtet, bekommen die Berichte des Neuen Testamentes ein grosses, existenzielles, persönliches Gewicht. Der christliche Glaube beruht auf persönlichen Efahrungen der göttlichen Wirklichkeit so, wie es die Jünger erlebten. Dieser Zugang zum christlichen Glauben lässt sich aus den Evangelien belegen.

Christus begann sein öffentliches Wirken nach der Taufe am Jordan. Dort hat er die Worte GOTTES: *„Du bist mein geliebter Sohn“,* existenziell erfahren und als Realität persönlich wahrgenommen. Diese gefühlte Offenbarung GOTTES befähigte Christus zu seinem öffentlichen Wirken. Er sollte jetzt der Welt GOTT als die real erfahrene absolute Liebe verkünden. Wenn der Gläubige die Erzählung der Taufe rational erklären will, verweist er auf das Zitat aus dem Psalm, aber mit der Wahrnehmung GOTTES kann er wenig anfangen. Das ganze Geschehen als einen göttlichen Eingriff zu verstehen bleibt für ihn unerklärlich, wenn er im wissenschaftlichen Denken, das keinen GOTT braucht, verhaftet bleibt.

Das wissenschaftliche Denken beengt die Wahrnehmungen der Menschen, weil die Wissenschaft emotionslos die sichtbaren materiellen Objekte mittels Abstraktion nach logischen Gesetzmässigkeiten prüft. Damit wird ein wesentlicher Teil der subjektiven menschlichen Erfahrung ausgeklammert.

Die subjektive und existenzielle Wahrnehmung GOTTES und der Welt

Der Mensch ist nicht nur ein wissenschaftliches Objekt; er ist vielmehr ein geistiges Subjekt das nur annähernd wissenschaftlich erfasst werden kann. Eine Erfahrung GOTTES ist ein subjektives, existenzielles und persönliches Erlebnis. Am Beginn der öffentlichen Tätigkeit Christi berichten die Evangelien von der Taufe am Jordan. Der Text verdeutlicht dem geistig wachen Leser, dass Christus hier eine ganz persönliche Gotteserfahrung erlebte, Mit seinem Wort *„Ich und der Vater sind eins", bekräftigt er diese gefühlte Erfahrung.* Christus hat die Taufe am Jordan als eine ihn verändernde spirituelle Kraft erlebt. Danach beginnt er seine öffentliche Tätigkeit. Die gespürte göttliche Wirklichkeit befähigte ihn zu den vielen Zeichen und Wundern, die er wohlwollend den Mitmenschen schenkte. Dank dieser existenziellen Verbindung mit GOTT konnte er sogar die boshafte Verurteilung, das Leiden und den Tod am Kreuz ohne Hass und Schmähungen auf die Henker ertragen. Das war in Wahrheit ein übermenschlicher Akt der göttlichen Liebe.

Der Glaube ist ein Spüren und gleichzeitig ein Verstehen von Etwas, das scheinbar nicht sichtbar ist. Diese Erfahrung schildert das Johannesevangelium mit den Worten: *„da ging auch der andere Jünger, der zuerst an das Grab gekommen war, hinein; er sah und glaubte* (was er nicht sah)" (Joh 20,8). Dem ungläubigen Thomas sagte Christus: *„Selig sind, die nicht sehen und doch glauben"* (Joh 20,29).

Die Erfahrung der göttlichen Nähe ist das Fundament des persönlichen Glaubens für jeden Christen. Der Auferstandene Christus hat den Jüngern nicht gesagt: *Glaubt jetzt an mich!* Vielmehr sagte er immer wieder: *Fürchtet euch nicht!* Damit meinte er, dass die Jünger ihren Erfahrungen der wahren Auferstehung Christi vertrauen sollten. Die Angst, die Furcht, die Traurigkeit, der Hass, die Zuversicht, die Freude und die Liebe sind elementare menschliche, gefühlte Wahrnehmungen. Wie in der Erfahrung der menschlichen Liebe, so muss der Mensch auch dem Gefühl göttlicher Liebe vertrauen. Das ist nicht immer einfach. Die Jünger von Emmaus im Lukasevangelium verdeutlichen diese Erfahrung:

> *„Da gingen ihnen die Augen auf, und sie erkannten ihn; dann sahen sie ihn nicht mehr. Und sie sagten zueinander: Brannte uns nicht das Herz in der Brust, als er unterwegs mit uns redete und uns den Sinn der der Schrift erschloss?"*(Lk24,31.32).

Der religiöse Glaube ist ein gefühltes Vertrauen in Zeichen und Erfahrungen in denen mein Bewusstsein das Gemeinte existenziell als Wahrheit begreifen kann. Ich kann das Wort Christi: *Seid gewiss: Ich bin bei euch alle Tage bis zum Ende der Welt"* (Mt 28,20) intuitiv verstehen und das Vertrauen spüren, das Christus mir schenkt. Ich kann an seine reale Gegenwart glauben.

Für jeden Christen ist die Gegenwart der Liebe Christi in Wahrheit eine reale Erfahrung. Christus ist mir gegenwärtig, auch wenn ich ihn materiell nicht fassen kann. Sein Dasein erfüllt meine Lebenswirklichkeit mit seinem Heiligen Geist. Ich lasse mich von seiner wohlwollenden Liebe erfüllen. Das ist das grundlegende Fundament für das Leben als gläubiger Christ.

Es ist daher eine bösartige Unterstellung, wenn z. B. dem Christentum unterstellt wird, diese Religion sei für die vielen Kriege verantwortlich. Das Christentum basiert vielmehr auf der Überzeugung, dass alle Menschen als Geschöpfe GOTTES zu achten und zu lieben sind. Auch wenn eine Religion einen absoluten Anspruch erhebt, bleibt sie von der Zustimmung der Gläubigen abhängig. Diese bekennen zwar oft ihren Glauben, aber in der konkreten Situation sind sie doch nicht bereit dem Glauben zu vertrauen. Allen päpstlichen Versuchen den Frieden im Ersten Weltkrieg zu erreichen, haben auch die frommen Katholiken keine Folge geleistet. Sie haben das Wohl der eigenen Nation über die Religion gestellt.

Das Gute im Leben zu finden ist keine Frage des Wissen, sondern des Glaubens. Die Frage nach dem Warum es das Gute und das Böse gibt, ist dem logischen Denken unverständlich. Das logische Denken kann nur über das jeweils Nützliche oder Schädliche konkret entscheiden. Das Gute und das Böse sind offene und reale Möglichkeiten, die der Mensch wählen kann. Erklärt sich der gottlose Mensch als „selbstverantwortlich", so hindert ihn nichts jederzeit das Böse zu denken und auch zu tun. Er kann gewissenlos das Schädliche bzw. das Böse machen, wenn es ihm nützlich erscheint.

Für sein eigenes Handeln sollte der Mensch ein gutes und sinnvolles Lebensziel erkennen. Die Menschen möchten immer einen vernünftigen Sinn für ihr Dasein finden, und sie fragen sich daher, wem sie in Wahrheit vertrauen dürfen. Das richtige und vernünftige Leben zu gestalten ist eine grosse Herausforderung, weil Menschen ihr Leben in jeder Gesellschaft grundsätzlich frei gestalten können. Sie können die Normen der Gesellschaft annehmen oder ablehnen, denn die Gesellschaft ist nicht allwissend.

Meine Unwissenheit ist immer grösser als mein persönliches Wissen. Auch die Mitmenschen haben offensichtlich kein sicheres Wissen weder über die Realität, die uns umgibt, noch über ihre eigene Person. Ich muss glauben, dass Ich wirklich Ich bin, und dass ich die Umwelt richtig deute, wenn ich mir die Welt vernünftig erkläre und sie rational verstehen will. Jedes Verständnis meiner selbst und der Welt bleibt trotz der vielen Informationen immer unvollständig und offen. Ich erkenne mich nur in einem gläubigen Vertrauen.

Einsichtige Thesen zur Erfassung der menschlichen Wirklichkeit

1. Das atheistische Verständnis der Welt ist auf das begrenzte menschliche Wissen und die abstrakte logische Einsicht abgestützt, und deshalb ungenügend für die Erkenntnis der Welt. Die gottlose Deutung der Wirklichkeit kann zudem wissenschaftlich auch nicht bewiesen werden.

2. Begriffe sind nur abstrakte Annäherungen an die Wirklichkeit. Die Grenzen des Wissens und der Wissenschaft sind offensichtlich, denn die abstrakten menschlichen Begriffe der Logik erfassen kein absolutes und sicheres Wissen über die Realität.

3. Die Logik der Wissenschaft bietet lediglich eine gefühlslose, verkürzte, funktionale und materialistische Deutung von konkreten Umständen.

4. Menschliches Dasein bleibt immer in einer realen körperlichen Realität eingebunden und gleichzeitig erkennt sich das eigene Denken in einer grossen geistigen Weite als einsam und verloren. Einsicht und Einsichtslosigkeit, Zeit und Zeitlosigkeit, Zwang und Freiheit, Glauben und Zweifel, Zuversicht und Hoffnungslosigkeit wechseln sich ständig ab, und begleiten unser Denken und Fühlen deshalb versuchen wir die vielen Wahrnehmungen der Wirklichkeit geistig glaubhaft und vernünftig zu deuten.

5. Die Menschen müssen an das „Unbekannte" in ihrem Dasein glauben.

6. An GOTT glauben heisst: Mich in einem vorgegebenen „unbekannten Zeit-Raum" zu sehen und an eine geistige Dimension zu glauben. Für GOTT gibt es kein Wort, denn GOTT ist kein Objekt, das ich von andern Objekten abtrennen kann, GOTT wird ohne einen begrenzten Begriff grenzenlos begriffen, d. h. als Erfahrung gläubig wahrgenommen.

7. Nur die gläubige Wahrnehmung der Welt ist vernünftig.

8. Der Verstand nimmt Begrenztes und Unbegrenztes wahr und er muss dem Wahrgenommen glauben. Nur darum gibt es menschliche Freiheit.
9. Der christliche Glaube an die Liebe GOTTES als umfassende Kraft der Schöpfung der Wirklichkeit ermöglicht eine vernünftige, gute und sinnvolle menschliche Lebensweise.

Die begrenzte rationale Erkenntnis der menschlichen Wirklichkeit

Seit der Aufklärung glauben immer mehr Menschen der menschliche Verstand könne sich selbst und die Welt in der Zukunft rational und logisch vollständig erklären und verstehen. Der ungeheure Fortschritt in Wissenschaft und Technik scheinen diese Annahme zu bestätigen. Immer mehr technische Erfindungen und Apparaturen machen das vorhandene Wissen der Menschen immer schneller abrufbar. Alles Wissen ist sofort verfügbar und das eigene Nachdenken und Überlegen wird überflüssig, denn die künstliche Intelligenz denkt und belehrt scheinbar sicher und zuverlässig bereits jetzt die ganze Menschheit. Dieser Erfolg hat allerdings eine Kehrseite. Da die geistige Aufnahme des menschlichen Bewusstseins begrenzt ist, hat die wachsende Flut an wissenschaftlichen Erkenntnissen auch eine grosse Zunahme an neuer persönlicher Unwissenheit verursacht. Nur noch Fachleute haben über ihr spezielles Fach ein grösseres Wissen. Im Übrigen sind auch sie, wie die Laien auf das Fachwissen von andern Fachleuten angewiesen.

Wird also in Zukunft die KI den menschlichen Verstand ersetzen? Werden die anonymen Rechner und das internationale Internet mit ihrem universalen Wissen die Welt aufklären, belehren und endgültig bestimmen? Dieses Denkmodell wird heute selbstverständlich als eine reale Möglichkeit angenommen. Nicht mehr der Mensch, sondern der Algorithmus formt und bestimmt das menschliche Denken und Handeln.

Ist dieses moderne Modell der Wahrnehmung realistisch oder doch nur eine Illusion? Versinken die individuellen Personen in Zukunft in eine neue totale Unwissenheit? Die erwartete grosse Erleuchtung der Menschheit durch das neue Wissen wird für den einzelnen Menschen immer schwächer und die reale Dunkelheit in der Wahrnehmung der Welt immer grösser. Der Mensch muss nicht mehr nachdenken, denn er holt sein Wissen jederzeit aus dem Internet. Die KI weiss scheinbar alles, das Individuum muss immer weniger nachdenken.

Das grosse Ziel der Aufklärung, mutig mit vernünftigem Denken eine bessere Welt zu erschaffen, hat unerwartet auch die Möglichkeit einer radikalen Zerstörung der menschlichen Zivilisation ermöglicht. Mit der modernen Technik, dem exakten Wissen, der KI und bösem Willen können mächtige Tyrannen das Leben auf dieser Welt heute vollständig vernichten.

Der bösartige Angriff auf die Ukraine offenbart das grauenhafte technische Vernichtungspotential das Tyrannen einsetzen können, um ihre ideologischen Wahnvorstellungen durchzusetzen. Da ist jede gutgemeinte Aufklärung sinnlos, denn der Tyrann weiss um seine Macht und er will daher die

Widerspenstigen mit seinem Wahn „aufklären“. Wer sich nicht dem Machtwort unterwirft, wird vernichtet. Dafür nutzt er sein Wissen und sein Können, denn er weiss die totale Macht in seiner Hand.

Aus der alten wohlwollenden Aufklärung zur Verbesserung der prekären Lebensbedingungen in der Gesellschaft ist ein knallhartes Instrument zur Durchsetzung von konkreten Zwängen zu fremdbestimmten Lebensweisen geworden. Mit den modernen ideologischen „Aufklärungsmodellen“ zwingen heute extreme Minderheiten die Menschen zu Verhaltensweisen, die das gute wohlwollende Zusammenleben jeder Gesellschaft zerstören. Die moderne Aufklärung will nicht mehr helfen schwierige Probleme zu lösen, sondern sie will die Menschheit mit neuen Ideologien „verbessern“. Z.B.

Menschen sind ungleich, also müssen sie gleichgemacht werden.

Die menschliche Lebensperspektive hat sich in meiner Generation mehrmals radikal verändert. Nach dem Weltkrieg war das grosse Ziel der westlichen Gesellschaften sich nicht einer kommunistischen Ideologie unterwerfen zu müssen. Die unruhigen sechziger Jahre hatten damals auch ein anderes ideologisches Weltbild entwickelt. Nicht der Kommunismus muss bekämpft werden, denn der wahre Feind der Menschheit sei der Kapitalismus. Wenn der Kapitalismus endgültig besiegt sei, würden alle Menschen glücklich und zufrieden leben.

Mit dem raschen Wohlstand erwachte gleichzeitig ein neues Lebensgefühl. Die Ideale der Vätergeneration, die viel Gewicht auf Ordnung, Fleiss, Disziplin Familie und Gemeinsinn legte, wurden jetzt verachtet. Mit dem rasch verdienten Geld konnte die junge Generation plötzlich ihr Leben nach ihrem Gusto gestalten. Der visionäre Aufbruch in ein neues Zeitalter der persönlichen Selbstentfaltung wurde eine Realität. Das Ego wurde jetzt gehätschelt und gepflegt. Die „Blumenkinder“ wollten eine absolut neue und freie Lebensweise realisieren. Alle Menschen sollten auf einer Blumenwiese tanzen. Der individuelle Mensch sei selber für sein Glückes verantwortlich. Mein eigenes ideologisches Wissen macht mich glücklich und zufrieden.

Jeder ist jetzt individuell für sein glückliches Leben zuständig.

Nicht mehr mein persönliches Gewissen entscheidet, was ich zu denken, zu fühlen und tun habe. Das ideologische Denken eröffnete neue Möglichkeiten. Die ideologische Aufklärung verwandelte sich in ein politisches Machtwort. Das richtige Wissen wurde zum natürlichen Hilfsmittel jeder Tyrannei. Alle Tyrannen behaupten heute sie würden im machtvollen Abwenden der kommenden Katastrophe das Glück für alle Menschen herbeiführen. Dafür benutzen sie die KI. als Mittel der Gewalt.

Aufklären heisst heute ideologisch die KI als Machtmittel einzusetzen.

Die neue allwissende Intelligenz schreibt mir scheinbar die richtige Lebensweise vor. Als ein Individuum erfahre ich mich nun immer wieder als „unwissend und dumm“ gegenüber dem scheinbar unbegrenzten Wissensanspruch der KI. In der modernen Wahrnehmung der Welt wird die KI in die Rolle einer universalen Gottheit gehoben. Nicht mehr ich darf entscheiden, was mit mir geschehen soll, sondern das allmächtige Wissen der KI zwingt mich zum wahren, richtigen und korrekten Denken und Handeln. Als Person werde ich zu einem Objekt der umfassenden wissenschaftlichen Intelligenz, die mich nun endlich endgültig, fachgerecht und objektiv analysiert und korrekt beurteilen und beraten wird.

Die Gesellschaft ist mit dem modernen Vertrauen in den wissenschaftlichen Fortschritt abhängig und gleichzeitig „gottvergessen“ geworden, denn sie betet demütig den neuesten technischen Erfolg an. Das Leben in der modernen Welt ist vollkommen dem materiellen Fortschritt verfallen. Das menschliche Staunen und die Dankbarkeit werden ausschliesslich dem wissenschaftlichen Fortschritt geschenkt.

Diese naive Weltsicht auf ein glückliches Leben mit dem Fortschritt hat sich seit der Klimakrise als eine Illusion weitgehend aufgelöst. Die euphorische Begeisterung für Fortschritt und Technik kühlt sich ab. Die Erde wird immer wärmer. Die Blumenwiese verdorrt. Vor der kommenden Klimakatastrophe macht sich Angst breit. Mehr und mehr verbreitet sich die Einsicht, dass ungebremstes technisches Wissen auch Schaden anrichten kann.

Die Menschen unterwerfen sich zu schnell den technischen Möglichkeiten und sehen oft viel zu spät die negativen Folgen. Der plötzliche Klimawandel bestätigt diese Sicht. Das Mögliche ist nicht automatisch die beste Lösung. Mit dem Fortschritt geht auch viel bewährtes Wissen verloren.

Es gibt auch spirituelles Wissen, das wertvoll ist und daher bewahrt werden sollte. Aber echte theologische Fragen werden leider nicht mehr gestellt. Im Laufe der Zeit ist in der christlichen Tradition viel wunderbares Wissen untergegangen. Das Erbe der Wüstenväter ist vergessen, die mittelalterliche Mystik wird nicht mehr beachtet, der klösterliche Choral ist verstummt, etc., und selbst die existenzielle Nachfolge Christi ist für viele Christen kein Vorbild mehr. Die grossen Schätze der christlichen Überlieferung sind bedeutungslos geworden, denn für das theologische Studium des christlichen Glaubens wollen heute immer weniger Menschen noch eine angemessene Zeit einsetzen.

Man redet von gemeinsamen Werten, die es gar nicht gibt und verlangt Toleranz, wo eine klare Abgrenzung notwendig ist. Noch nie gab es auf der Welt eine derart massive Verfolgung der Christen wie in unsrer Zeit, doch die meisten Christen sehen einfach weg. Ihr Wissen ist gewissenlos geworden. (z. B. die Vertreibung aller Christen aus Karabach wurde kaum beachtet).

Wissen und Gewissen

Das Wesen des Bewusstseins liegt grundsätzlich nicht im besonderen menschlichen Wissen, sondern im Gewissen der geistigen Person. Auch die Tiere haben eine vielfältige Intelligenz, die ihnen Anpassung an wechselnde Umstände und Ueberleben sichert. Das Besondere an der menschlichen Existenz ist die grosse Freiheit mit der Individuen ihr Wissen aufnehmen, beurteilen und für sich selbst benützen können. Der Mensch ist nicht durch Instinkte zu einem bestimmten Verhalten gezwungen. Er muss also nicht „müssen". Das macht den Menschen zu einem aussergewöhnlichen Wesen. Er hat ein persönliches und individuelles Bewusstsein, logisches Denken, starke Gefühle, abstrakte Vorstellungen, Ahnungen, übersinnliche Talente, Visionen, ein rationales Urteilsvermögen und die Fähigkeit sich frei zu entscheiden.

In der komplexen Wirklichkeit des Lebens prüft das Gewissen das eigene konkrete Wissen und erkennt auch die Grenzen der Wahrnehmungen, beachtet die eigenen Emotionen und sucht nach der besten Deutung, um jedes erkannte Problem gut lösen zu können. Dabei überdenkt das Gewissen kritisch die eigenen Ansichten, die fremden Meinungen und ideologischen Vorstellungen der Mitmenschen. Erst danach ist das Gewissen, das der Wahrheit verpflichtet ist, fähig, ein gutes und angemessenes Urteil zu fällen. Das Gewissen sucht nicht einfach nur das Nützliche; es sucht immer das Gute.

Der Mensch erkennt allerdings nur eine beschränkte Wirklichkeit, die er persönlich deuten kann. Jede Person beurteilt zudem die erfahrene Wirklichkeit auf ihre eigene Weise, und verhält sich unterschiedlich. Menschen können mit ihrem freien Willen das Nützliche annehmen und das Schädliche meiden. Anderseits können sie das Gute sehen und trotzdem das Böse tun, freundlich oder bösartig sein, helfen oder die Hilfe unterlassen, zuschauen oder auch wegsehen, treu sein oder die Treue verraten, d.h., sie können mit ihren Möglichkeiten machen, was sie wollen.

Das Gute und das Böse werden offensichtlich nicht automatisch vom rationalen Verstand wahrgenommen. Der rationale Verstand erkennt klar das Nützliche und das Schädliche, aber nur das mitfühlende Gewissen kann das Gute und das Böse richtig unterscheiden. Gutes und Böses wird als reale objektive und subjektive Möglichkeit in den zwischenmenschlichen Beziehungen wahrgenommen. Alle menschlichen Beziehungen werden normalerweise objektiv gesehen und erfahren, aber mit dem Gewissen subjektiv beurteilt. Es ist also nicht das Wissen, das jedes menschliche

Verhalten bestimmt. Das persönliche Gewissen ist für jede konkrete Entscheidung zuständig.

Diese elementare Einsicht hat die gegenwärtige Gesellschaft verloren, weil sie nur noch dem abstrakten Wissen vertraut. Das wird z. B. in der Krankenpflege sehr deutlich sichtbar. Die Krankenpflege war früher eine mitfühlende Gewissensfrage. die vornehmlich als eine emotionale und praktische Hilfe von den „Krankenschwestern" den leidenden Patienten geschenkt wurde. Das hat sich in der Neuzeit grundlegend verändert. Die Krankenpflege wird heute objektiv als eine logische wissenschaftliche Behandlungsmethode verstanden. Die rationale objektive Beurteilung der Krankheit machte aus den Patienten Kunden der ärztlichen Versorgung. Die neue Sprachregelung hat die Schwestern zu Pflegefachfrauen umbenannt. Als nächstes Ziel sollen Roboter, so weit wie möglich, die Pflegefachfrauen ersetzen. Damit will man objektiv den kranken Kunden besser versorgen. In dieser modernen Sicht auf die Krankenpflege wird der Mensch nur noch als Objekt und nicht mehr als Person wahrgenommen. Ein fachliches Wissen ersetzt das mitfühlende Gewissen. Das ist kein Fortschritt.

Für den christlichen Glauben ist immer das Gewissen und nicht das rationale Wissen von grundlegender Bedeutung. Das kritische Gewissen der Christen bestimmt die Deutung der eigenen Existenz und die Annahme eines geprüften und vernünftigen religiösen Glaubens. Der religiöse Glaube eines Christen ist eine persönliche Entscheidung seines Gewissens, aber dieser Glaube darf auch nie dem rationalen und eindeutigen Wissen widersprechen.

Daher wird GOTT im christlichen Verständnis auch nicht über das Wissen, sondern über das Gewissen erfahren. Das ist ein wesentlicher Unterschied zum modernen ideologischen Gottesbegriff. Das Gewissen stützt sich im christlichen Glauben auf reale Erfahrungen, die als Zeichen der Gegenwart GOTTES gedeutet werden. Ohne eine reale, emotionale, existenzielle und persönliche Erfahrung der Gegenwart GOTTES bleibt die Rede über GOTT ein leeres Geschwätz: *Gott ist tot.*

GOTT wird tatsächlich mit dem Gewissen wahrgenommen. Das lehrt die lange christliche Tradition der Nachfolge Christi klar und eindeutig. Christus hat GOTT existenziell erfahren und nicht abstrakt ausgedacht. Das bezeugt auch die Glaubensverkündigung Christi und seine Lebensweise. Er lebte subjektiv in der Gegenwart GOTTES, und er machte GOTT mit seinen Zeichen und Wundern für die Menschen objektiv sichtbar.

Mit seiner Botschaft hat Christus auch kein ideologisches Manifest zur Verbesserung der Menschheit vorgestellt, er hat auch nicht die Massen in einer anonymen menschlichen Gesellschaft angesprochen. Christus hat sich nicht als ein Guru mit einer neuen ausgedachten Heilslehre verstanden, der unbedingt die Menschheit zu einem besseren Leben zwingen will. Er hat vielmehr das Denken, Reden und Handeln der Mitmenschen kritisch hinterfragt, und jede Heuchelei und jedes ideologische Denken verworfen. Dabei hat er die Liebe GOTTES existenziell als Lebensgrundlage angenommen.

Christus hat als Mensch konkret mit seinen Mitmenschen geredet und sie zum persönlichen Nachdenken angeregt. Er sprach jeweils sehr persönlich mit Fremden, Freunden und Feinden, also mit einzelnen Personen, und hat sie konkret zu einem selbstkritischen Leben aus der Kraft der GOTTES- und Nächstenliebe aufgerufen. Christus sprach daher nie: *folget mir alle nach!* Die Nachfolge Christi kann nur als ein individueller Schritt verstanden werden. Der Entschluss zur Nachfolge Christi ist folglich ein freier Gewissensentscheid der individuellen Person, die sich ebenfalls von der Liebe GOTTES berührt fühlt. Als der Jüngling, den Christus lieb gewann, ihm nicht nachfolgte, hat ihm Christus keinen Fluch und auch keine Schmähungen nachgerufen. Die Liebe zu GOTT ist ein Akt der Freiheit.

Die Erfahrung der göttlichen liebevollen Gegenwart ist eine ganz persönliche Wahrnehmung, die jeder Mensch individuell annehmen oder ablehnen kann. Nicht das Wissen und auch nicht das Wollen führen die Menschen zu einem existenziellen Glauben an die Liebe GOTTES, und zu einem wahren Leben aus der Kraft der Nächstenliebe. Nur im Gewissen kann der Mensch die Liebe spüren, annehmen und sie aus freien Stücken auch erwidern. Der christliche Glaube ist eine Antwort auf die persönliche Wahrnehmung der Liebe GOTTES.

Christus hat daher mit seinen Jüngern keine Partei und auch keinen sozialpolitischen Verein gegründet. Das wird im Leiden und Sterben Christi überdeutlich sichtbar. Seine Jünger liessen ihn im Leiden und Sterben allein, und Christus hat sie auch nicht in den Prozess gegen ihn verwickelt. Christus sagte dem Pilatus im Prozess ganz klar und deutlich:

„Mein Königtum ist nicht von dieser Welt. Wenn es von dieser Welt wäre, würden meine Leute kämpfen, damit ich den Juden nicht ausgeliefert würde“
Joh 18,32).

Den Weg zum Kreuz ging Christus ganz allein mit GOTT.

Das Reich GOTTES, in dem Christus König ist, beruht nicht auf Macht und Gewalt: Es ruht auf den zustimmenden Gewissen der Christen. Die Nachfolge Christ ist daher ein ganz individueller Weg. Der Christ lässt sich von der Liebe GOTTES berühren, folgt mit dem Verstand dem gütigen und menschenfreundlichen Verhalten Jesu und hört mit seinem Gewissen auf den Heiligen Geist. Es ist ein Weg, den der Gläubige mit Kopf und Herz, bzw. mit Verstand und Gewissen frei wählt und beschreitet.

Jeder einzelne Christ fühlt sich nach der Botschaft Christi in der Pflicht sein Gewissen zu bilden und sich menschfreundlich und wohlwollend zu verhalten.

Dieses gütige Verhalten entspricht der Lebensweise, die Christus für das Denken und Handeln seiner Jünger im Reich GOTTES vorsah. Das ist ein klares und vernünftiges Programm für eine menschenfreundliche Lebensweise.

Herr, mach mich zu einem Werkzeug deines Friedens,
dass ich liebe, wo man hasst;
dass ich verzeihe, wo man hasst;
dass ich verbinde, wo Streit ist;
dass ich die Wahrheit sage, wo Irrtum ist;
dass ich Glaube bringe, wo Zweifel droht;
dass ich Hoffnung wecke, wo Verzweiflung quält;
dass ich Licht entzünde, wo Finsternis regiert;
dass ich Freude bringe, wo Kummer wohnt;
Herr, lass mich trachten,
nicht, dass ich getröstet werde, sondern dass ich tröste;
nicht, dass ich verstanden werde, sondern dass ich verstehe;
nicht, dass ich geliebt werde,, sondern dass ich liebe;
Denn wer sich hingibt, der empfängt;
wer sich selbst vergisst, der findet;
wer verzeiht, dem wird verziehen;
und wer stirbt, der erwacht zum ewigen Leben.
Ein Gebet, das Franz von Assisi (1182-1226) zugeschrieben wird.

Das ist die Lebensweise, die Christus den Menschen vorlebte, und die zu leben er seinen Jüngern empfahl.

Die moderne Gesellschaft hat dieses menschenfreundliche Programm verloren und glaubt, dass sie mit dem Verstand allein alle Probleme lösen kann. Das Gewissen und seine Bildung werden vernachlässigt. Man will heute Unrecht und Ungerechtigkeiten unter den Menschen vielmehr rational überwinden und die Menschen mit neuen Sprechweisen, Verboten, Bussen und Bestrafungen verbessern. Dabei wäre es viel vernünftiger die vielen schwierigen zwischenmenschlichen Probleme über eine gute Bildung der Gewissen zu lösen. Wird das Gewissen auf Wohlwollen, Güte, Mitmenschlichkeit und die Nächstenliebe, bzw. auf das Verhalten Christi ausgerichtet, werden die grössten Konflikte in den zwischenmenschlichen Beziehungen überwunden.

Wenn dieses elementare, vernünftige und wohlwollende Verständnis in der menschlichen Denk- und Verhaltensweise fehlt, werden die Menschen von den ideologischen Denkvorschriften der Gesellschaft geleitet und das führt z. B. durch rational denkende Richter zu solchen unvernünftigen Beurteilungen von komplexen Beziehungsproblemen.

*„Amerikanerin erhält 1,2 Milliarden Dollar Schadenersatz wegen Rachepornographie“ (*NZZ 30.8.23).

Das christliche Menschenbild

In der Geschichte der Christen spielte das Gewissen immer eine grundlegende Rolle. Der Glaube an die Botschaft Christi ist eine zentrale Gewissensfrage, und die dazugehörige Gewissensbildung eine fundamentale Pflicht der Christen. Das auf GOTT ausgerichtete Gewissen drängt das Verhalten der Menschen zur echten Nächstenliebe. Erst die gelebte Nächstenliebe macht aus den anonymen Christen echte Christen.

In meiner Jugend war das christliche Menschenbild im Bewusstsein der Gesellschaft selbstverständlich und wirkmächtig. Am Morgen läuteten die Glocken der Kirche den Tag ein, am Mittag riefen sie zum Gebet und am Abend beendeten sie das vergangene Tagesgeschehen. Die kirchlichen Feste begleiteten den Jahreszyklus. In den von der Nächstenliebe erfüllten Heiligen erkannte die Gesellschaft die richtigen Vorbilder für ein gutes Leben. Die Menschen waren zwar unterschiedlich gemäss ihrer Herkunft und in ihrem kulturellen Lebensstil; doch sie alle wurden als „Kinder GOTTES" angesehen, die man als Geschöpfe ehren, respektieren und lieben sollte. Nächstenliebe wurde im gesellschaftlichen Leben als ideale Lebensweise immer wieder betont. Das menschliche Dasein wurde grundsätzlich als ein Dienst am Gemeinwohl verstanden, und das Leben als eine Hingabe an die göttliche Liebe betrachtet. Wer die Liebe GOTTES annimmt, hilfsbereit und mitmenschlich sein Leben gestaltet, wird in die vollkommene Liebe GOTTES eingehen, denn der Tod ist wie für Christus nur der Durchgang zum ewigen Leben. Das glaubten die Menschen auch wenn sie nicht immer ihrem Gewissen folgten Sie haben das Kreuz als Zeichen der ständigen Gegenwart GOTTES in den dunkelsten Stunden auf Grund der Auferstehung Christi richtig verstanden und als persönliche Lebensgrundlage angenommen.

Der Blick auf die Leiden Christi förderte das Mitleid mit der menschlichen Kreatur. Durch die vielen Darstellungen Christi am Kreuz wurde die menschliche Barmherzigkeit geweckt und das menschliche Leid bewusst und intensiv als Durchgang vor dem Hintergrund seiner Auferstehung wahrgenommen. Im Kreuz war immer das wahre „Plus" der menschlichen Existenz gegenwärtig und sichtbar, denn der Mensch kann mit seiner Barmherzigkeit helfen das Leid auf dieser Welt zu lindern. Das Mitgefühl mit den Armen und Randständigen war eine christliche Pflicht. Wer wirklich an die Auferstehung glaubt, der kann sich sogar für das Martyrium entscheiden, wenn man ihn zwingt, seinen Glauben zu verraten. Das wurde damals von der christlichen Gesellschaft auch als eine vorbildliche Tat verstanden. Der christliche Glaube war wirksam und stark in der konkreten Lebensführung.

Das Leben auf dieser Welt wird für die gläubigen Christen in Wahrheit von der Wirklichkeit der unsichtbaren göttlichen Gegenwart erfüllt. In der unendlichen

Liebe GOTTES sind die Lebenden und die Verstorbenen unzertrennlich vereint. und verbunden. In den vielen religiösen Zeremonien können die Gläubigen den Hauch der göttlichen Wirklichkeit auch spüren und erfahren. Dieser Glaube erfüllt immer wieder das Leben eines Christen mit Freude und Zuversicht. In diesem Geist bin ich in meiner Jugend erzogen worden und in einer noch christlichen Welt aufgewachsen. Im christlichen Glauben wurde mir das Leben als sinnvoll und gut dargestellt.

Ich habe mein Vertrauen in die Liebe GOTTES nie bereut, und mit einem dankbaren Staunen nehme ich mich auf dieser wunderbaren Welt wahr.

Das sichtbare Leben ist im unsichtbaren göttlichen Dasein geborgen.

Ich bin mir ein Rätsel, das in GOTT aufgehoben ist.

Das glaube ich.

Wenn ich mich mit meinen Wahrnehmungen kritisch auseinandersetze, erscheint mir mein wahrscheinlich richtiges Erkennen der Wirklichkeit rational und vernünftig, und ich bin überzeugt, dass mein Glaube an die Botschaft Christi gut und sinnvoll ist. Auch wenn es nur meine private Deutung der menschlichen Existenz ist, so bin ich mir sicher, dass alle gläubigen Christen ähnliche Erfahrungen gemacht haben. Der echte Glaube entsteht durch ein intensives Hören auf das Gewissen. Dafür muss jeder Mensch sich sehr viel Zeit nehmen, um die persönliche innere existenzielle Gewissheit der Liebe GOTTES im Glauben und Vertrauen zu erfahren.

Dieses einfache und klare religiöse Glaubensverständnis ist in der heutigen Gesellschaft nicht mehr durchgehend zu finden. Die Menschen achten nur noch auf ihren eigenen intelligenten Verstand und sie fühlen sich als Besitzer der ganzen Welt, die sie radikal ausnützen. Sie wollen alle geliebt und geachtet werden, aber sie selbst lieben die Mitmenschen als ihre Konkurrenten nicht wirklich.

Die moderne individuelle Selbstwahrnehmung

Die moderne Gesellschaft glaubt heute an den eigenen wissenschaftlichen Fortschritt und nicht mehr an eine gute Lebensweise aus der Kraft der göttlichen Liebe. Die Menschen suchen ihr Leben ganz individuell zu verwirklichen. Sie halten den „Himmel“ für eine Illusion und an die Vollendung des Lebens in der göttlichen Welt glauben sie nicht mehr. Seit sich die Lebenserwartung verdoppelt hat, ist auch das Bewusstsein der eigenen Sterblichkeit unwichtig geworden. Man will persönlich den „Himmel“ im Jetzt realisieren und denkt nicht mehr an den Tod. Gleichzeitig verdrängt man den Glauben an ein mögliches Weiterleben. In dieser neuen modernen Denk- und Lebensform wird der bewusste Egoismus automatisch zum grundlegenden Lebensprinzip. Wer seine Chancen nicht sofort packt, der hat bereits verloren und wird zum Versager. Das glaubt man sicher zu wissen. Das Credo heisst:

Der Bauch gehört mir! Ich kann nehmen oder wegwerfen, was immer ich will!

Doch so simpel ist ein egoistisches Leben auf dieser Welt nicht. Die individuelle Person lebt immer in einer Welt des Glaubens, bzw. von plausiblen Deutungen, die sie für richtig hält. Es gibt keine allgemeine und verbindliche objektive Wahrnehmung der Wirklichkeit. Der Mensch kann sich selbst und die Welt nur subjektiv und individuell wahrnehmen. Die eigenen persönlichen Deutungen der Wirklichkeit sollten deshalb immer wieder kritisch mit dem logischen Verstand auf ihre Glaubwürdigkeit überprüft werden. Diese Selbstkritik fehlt gegenwärtig in der menschlichen Gesellschaft, die zu wissen glaubt, dass nur sie das richtige und objektive Wissen besitzt.

In der ichbezogenen modernen Welt hat der Mensch die notwendige freie Zeit zum intensiven Nachdenken über das eigene Leben nicht mehr. Der moderne Egoist ist ständig mit sich selbst beschäftigt, denn er muss dafür sorgen, dass alles Tun und Lassen immer einen konkreten Gewinn für die eigene Selbstverwirklichung abwirft.

Wer die mühsame kritische Selbstfindung nach dem Guten unterlässt, begnügt sich zu schnell mit fremden Ideen und Vorstellungen, die Erfolg versprechen. Mit der unkritischen Übernahme einer fremden Meinung entwickelt sich im Bewusstsein unbemerkt diese Idee zu reiner Ideologie. Jede Ideologie behauptet im Besitz sicheren Wissens zu sein. Das Kennzeichen der Ideologie ist Zwang und nicht die Idee der Freiheit. Heute sind sehr viele Menschen dem zwanghaften Denken verfallen, weil sie ihr Gewissen durch gesellschaftliche Ideologien verdrängt haben. Sie wollen alles unter ihre Kontrolle bringen, und sie lehnen jede Verantwortung für ihr Tun vor GOTT ab. Sie genügen sich selbst.

Das wissenschaftliche Denken findet in konkreten Fragen klare und richtige Ergebnisse, aber nicht die Wahrheit. Die grosse Frage nach der Wahrheit kann nur das persönliche Gewissen beantworten. Das Wissen schafft Tatsachen, aber das Gewissen begründet die Wahrheit. Erst die intensive persönliche Suche nach der Wirklichkeit gibt dem wachen Gewissen die mögliche glaubwürdige und wahre Wahrnehmung im eigenen Leben. Nur in der persönlichen Suche nach der Wahrheit kann der Mensch einen tragfähigen und vernünftigen Glauben an GOTT und an die Menschen finden.

Die menschliche Moral wurde früher mit dem reinen Gewissen identifiziert. Das hat sich geändert. Das unmoralische Verhalten der Menschen in Kirche und Staat haben die Moral zerstört. Seither wird die Moral nicht mehr mit dem Gewissen, das der Wahrheit und der Liebe GOTTES verpflichtet ist, verbunden. Man redet heute nur noch von ethischen Werten, die von der Gesellschaft bestimmt werden. Moral und Ethik sind jetzt soziale Werte, die man seither möglichst genau nach dem Geist der Zeit mit Gesetzen festlegt. Nicht mehr das Gewissen bestimmt das moralische Verhalten, sondern die Gesellschaft. Gegen die Macht der gesellschaftlichen Mehrheit ist der Einzelne machtlos. Die Berufung auf das persönliche Gewissen, das der Mensch vor GOTT geprüft hat, hat in der modernen Gesellschaft keine Bedeutung mehr.

Dieses neue Denken macht die Moral zu einem nützlichen gesellschaftlichen Instrument. Jede Gesellschaft schafft sich ihre eigenen Werte und setzt sie mit Gewalt durch. Damit wird dem Individuum jede Freiheit genommen, denn der Bürger muss tun, was die autoritäre Gesellschaft verlangt. Die Gesellschaft wiederum wechselt ständig ihre Vorstellungen, und sie bildet ständig neue moralische Werte. Wie im früheren Zeitalter des Puritanismus wird heute die Sexualität neu definiert und die Befolgung der neuen Einsichten wie damals unerbittlich eingefordert. Die Moral der Gesellschaft ist wieder ein absoluter Machtfaktor in den Händen von neuen selbsternannten Moralisten geworden. So wie früher der Geistliche von der Kanzel über richtiges oder falsches Verhalten predigte und urteilte sind es heute die selbstgefälligen, gewissenlosen Besserwisser, die korrektes moralisches Denken erzwingen möchten. Die Gesellschaft lässt diese militanten Gruppen gewähren. Wenn die nackte Macht regiert, kann auch jeder vernünftige Einspruch nichts mehr ändern. Ständig wird von der Freiheit geredet, doch die autoritäre Gesellschaft erlaubt keine Freiheit.

Jeder Mensch ist ein eigenständiges und unabhängiges Glied der Gesellschaft und nicht deren Sklave. Die Sklaverei wurde zwar aufgehoben, aber die Mentalität der Sklavenhalter ist nicht ausgestorben. Noch immer sind unzählige Menschen der Meinung, sie wären andern Menschen überlegen, und nur sie seien daher berechtigt, das Leben der „unterentwickelten“ Geschöpfe richtig zu bestimmen. Die „Besserwisser“ töten jede Freiheit, und zu viele Menschen haben ihre Selbstachtung verloren und lassen sich tyrannisieren.

Die subjektive Wahrnehmung der Wirklichkeit

Selbstachtung zu finden ist für alle Menschen eine schwierige Aufgabe. Sie kann nur gelingen, wenn man sich in einer wohlwollenden Umwelt geborgen weiss. Daher ist das Vertrauen auf GOTT so wichtig. Wenn die denkende Person sich bewusst mit allen Sinnen von der göttlichen Liebe getragen weiss, kann sie selbstbestimmt und ohne Angst den mitmenschlichen Anfeindungen widerstehen. Diese in sich ruhende Selbstachtung verheisst Christus allen Gläubigen, die ihm vertrauen.

Selbst nach über achtzig Lebensjahren bin ich mir ein unfassbares Geheimnis, denn ich „weiss" nur oberflächlich, wer ich wirklich bin und gleichzeitig kenne ich mich in Wahrheit nur in Bruchstücken. Ich erfasse mich subjektiv als eine Einheit, die aus vielen einzelnen Aspekten geformt ist, die ich alle in Wahrheit gar nicht wirklich kenne. Meine geistige Herkunft bleibt mir unverständlich und rätselhaft. Ich „erkenne" mich als eine individuelle geistige Person nur oberflächlich in einer übergrossen und unfassbaren Wirklichkeit.

Wenn ich auf mein Leben zurückschaue, bin ich unerwartet mit einem wunderbaren, lebendigen Körper aber ohne mein Bewusstsein in diese Welt gekommen. Mein Körper funktionierte, doch mein geistiges Dasein fehlte noch. Über die sinnlichen Wahrnehmungen erwachten in mir das Bewusstsein, das Denken, das Abstraktionsvermögen und das Gedächtnis. Ich konnte mich und die Welt plötzlich geistig erfassen. All das geschah im Dunkel der Unwissenheit und plötzlich wurde um mich herum die Welt hell und klar. Ich wurde mir „Meiner-Selbst" bewusst. Dieses „Wachwerden" wurde mir geschenkt, denn ich weiss in Wahrheit nicht wie ich zu meinem subjektiven geistigen Bewusstsein kam. Ich bin mir selbst ein wunderbares Geschenk.

Staunend und dankbar schaue ich zurück. Das Dasein wurde mir durch eine unbekannte Kraft ermöglicht und dank der Fürsorge der Familie, die mich angenommen, gehegt und gepflegt hatte, wurde ich eine freie geistige Person. Mein Leben gründet in der unerkannten geheimnisvollen Kraft GOTTES und im erkannten und mir geschenkten Wohlwollen der Mitmenschen.

Ich war nicht. - Jetzt bin Ich unverhofft da!

Rückblickend kann ich also nicht behaupten, dass ich mich selbst aus dem „Nichts" erschaffen hätte. Ich kann auch nicht behaupten, dass meine Eltern mich erschaffen hätten; sie haben nur die Möglichkeit für meine kommende Existenz eröffnet. Eine unbekannte Kraft hat mir das Dasein in dieser Welt ermöglicht. Diese unbekannte Kraft haben die Menschen seit jeher mit GOTT, d. h. mit dem Schöpfer dieser Welt verbunden.

Das ist eine Glaubensaussage, denn die Menschen haben in Wahrheit keine Einsicht in das Geheimnis der existenziellen Wirklichkeit des Lebens. Zu behaupten, dass die Materie den Geist produziert habe, ist eine unbegründete Aussage. Auch der Materialismus weiss über die Grundlage der Menschen und der Welt nichts Genaues. Der Materialismus beruht auf dem Denkmuster, dass jede Änderung eine konkrete Ursache hat. Doch mein geistiges Erwachen ist und bleibt nach diesem Denkschema unerklärlich.

Auch die Wissenschaft hat keine einsichtige Erklärung, warum es zum Urknall kam. Wissenschaftlich können die Begriffe: Energie, Kraft, Licht, Leben etc. nicht objektiv erklärt werden, weil die Prämissen für die objektive Präzisierung der erwähnten Begriffe nicht erkannt werden. Wird die Entstehung der Welt als ein Akt aus dem Nichts erklärt, ist das eine sich widersprechende Behauptung, denn aus dem Nichts entsteht auch nichts. Über den Ursprung des Daseins und die Herkunft der Welt können die Wissenschaft und die Philosophie nur spekulieren. Es gibt kein Wissen über das Dasein; nur vorläufige, glaubwürdige und sinnvolle Annahmen.

Die Grenze der wissenschaftlichen Erkenntnis ist klar erkennbar. Die einzig sichere Aussage über das eigene Dasein ist die grosse Unwissenheit. Über Einzelheiten hat der Mensch eine Fülle an Wissen, aber über das grosse „Ganze“ fehlt jede Übersicht. Jede denkende Person muss sich mit plausiblen Vermutungen, vernünftigen Annahmen, Wahrscheinlichen und Möglichkeiten zufrieden geben. Das ist für den rationalen und aufgeklärten Verstand eine bittere Pille.

Weder die Philosophie noch die Wissenschaft können eine sichere und in sich stimmige Erklärung zum vergangenen, gegenwärtigen und zukünftigen Geschehen auf dieser Welt geben. Sie können den nach Wahrheit suchenden Menschen nur Spekulationen anbieten. Das Leben auf dieser Welt ist nicht die Ausgeburt blinder materieller logischer Gesetze, die von selbst funktionieren. Die Annahme einer sich selbst entfaltenden Materie ist eine unbegründete und unglaubwürdige ideologische Behauptung.

Daher ist die Annahme einer wohlwollenden „Urkraft“ eine vernünftige Annahme. Diese Urkraft d.h. GOTT als die absolute alles umfassende Liebe zu verstehen ist eine gute und sinnvolle Annahme. Denn nur in der Liebe können Macht und Freiheit als Einheit gedacht und verstanden werden. Diese Deutung der göttlichen Wirklichkeit entspricht der menschlichen Selbstwahrnehmung und auch der Botschaft Christi. Das Leben als Christ ist daher sinnvoll.

Die bewusste religiöse Lebensgestaltung der Christen

Der Hochmut der „wissenschaftlichen“ Aufklärer gegenüber der christlichen Religion ist völlig grundlos, denn die Wissenschaft kann zum Schaden der Menschheit missbraucht werden. Dagegen bietet das Christentum eine gute Lebensform an, die sich dem Bösen widersetzt. Das ist im Vaterunser gut ausgedrückt.

Unser Vater im Himmel,
dein Name werde geheiligt,
dein Reich komme,
dein Wille geschehe
wie im Himmel, so auf der Erde.
Gib uns heute das Brot, das wir brauchen.
Und erlass uns unsere Schulden,
wie auch wir sie unseren Schuldner erlassen haben.
Und führe uns nicht in Versuchung,
sondern rette uns vor den Bösen.

In der Mitte des Gebetes steht die Bitte um das tägliche Brot. Darüber kann der Mensch nicht einfach verfügen, denn jede Ernte hängt von den klimatischen Bedingungen ab. Die anderen Bitten sind spiritueller Natur und fordern, dass der Mensch die heilbringende Wertschätzung der Liebe GOTTES beachtet, den Eintritt in das Reich GOTTES beschreitet und die Erfüllung des göttlichen Willens erfüllt, dass der Mensch aus der Kraft der Liebe sein Leben gestalte, die Schulden erlasse und nicht einfach Böses mit Bösem vergelte.

Das Vaterunser verdeutlicht wie notwendig die Liebe GOTTES ist, denn das Leben in der menschlichen Gemeinschaft ist nur möglich, wenn die Menschen fähig und bereit sind einander zu verzeihen. Ohne Wohlwollen und Liebe gibt es keine Versöhnung und keine echte menschliche Gemeinschaft. Der Friede beruht auf der Fähigkeit die Schwächen und Mängel der Mitmenschen ohne Ressentiment zu ertragen Das fällt den Menschen sehr schwer, weil jede Person in ihrem Leben immer wieder persönlich verletzt wird.

Die Vision einer guten Lebensführung ist im Vaterunser einfach und klar zusammengefasst. Der Mensch lebt aus der Liebe GOTTES und soll daher in seinem Leben auch Wohlwollen, Güte und Mitmenschlichkeit ausstrahlen. Der gläubige Christ kann den Namen GOTTES „heiligen“ indem er das Werk der überfliessenden Liebe GOTTES persönlich mitgestaltet. Im Zentrum des Reiches GOTTES steht das Gemeinwohl, das nur gefunden wird, wenn die Menschen sich gegenseitig wohlwollend helfen, damit alle die notwendige Grundversorgung erhalten. So kann der Christ aktiv am Reich GOTTES mitwirken. Das ist nicht einfach. Die letzte Bitte ist besonders schwer zu erfüllen, denn der Mensch wird aufgefordert nicht in die Versuchung zu fallen Böses mit Bösem zu vergelten. Er muss auf die Forderung der Gerechtigkeit verzichten, die *Auge um Auge und Zahn um Zahn* fordert. Die Liebe, nicht nur die Gerechtigkeit soll das Gewissen des Gläubigen leiten.

Da der Egoismus die Grundkraft im Leben der Menschen ist, machen sich alle Menschen schuldig, weil sie ihren Egoismus nicht immer zügeln können. Obwohl die Menschen das Böse tun, lässt GOTT sie nicht fallen und bietet ihnen weiterhin sein Wohlwollen an. Der sündige Mensch muss nicht verzweifeln, denn er bleibt in der Liebe GOTTES. Er kann jederzeit umkehren und die göttliche Vergebung annehmen, ebenso sollen auch die Menschen einander die Schuld vergeben. Mit der letzten Bitte möchte der Mensch nicht dem Egoismus folgen; er kann vielmehr auf GOTT und seine Liebe vertrauen.

Dieses Gebet haben die Christen zu verinnerlichen versucht. Sie wollten aus der Kraft der GOTTES- und Nächstenliebe ihr Leben gestalten. Das wurde auch im täglichen Leben realisiert. In der christlichen Lebensführung war der Egoismus verpönt. Die Kardinaltugenden wurden hoch geschätzt. Ehrlichkeit, Treue Zuverlässigkeit, Bescheidenheit, Demut, Gemeinschaft, Opfergeist, Wohlwollen, Hilfsbereitschaft, bestimmten das moralische Verhalten. Als Christ wollte man wie Christus den Bedürftigen jederzeit nach bestem Wissen und Gewissen helfen. In allem Denken und Handeln war Christus das absolute Vorbild, dem nachzueifern grundsätzlich auch alle Christen bereit waren.

Aus diesem Grundverständnis entstanden die christliche Kultur, die Klöster, die karitativen Gemeinschaften, die architektonischen sakralen Bauten, die wunderbaren kirchlichen Räume, die eindrücklichen Fresken, berührende Heiligenbilder und Skulpturen. Die vielen gemeinsamen Gebete erfüllten den öffentlichen Raum und im Gottesdienst und der Messe wurde der realen Gegenwart Christi gedacht. Man suchte als Christ im Denken Fühlen und Handeln das Gute für die nächsten Mitmenschen zu verwirklichen. Tages- und Wochenzeitungen lieferten aktuelle Beiträge zur christlichen Lebensgestaltung. Unzählige Andachtsbücher forderten die Gläubigen auf, ihr Leben im Geiste Christi zu verwirklichen. Die Literatur befasste sich mit einem guten Leben, und sie forderte die Leser auf, den christlichen Idealen nachzufolgen. Eindrückliche Biographien schilderten das Leben der Heiligen und diese Vorbilder waren auch Helfer in den Sorgen des Alltages. Die Menschen lebten in der rauen Realität dieser Erde und sie waren zugleich in der Wirklichkeit der jenseitigen göttlichen Welt zuhause. Das schwierige Leben war erträglich, weil im Denken der Menschen der Himmel die Erde berührte, und die Gläubigen die liebevolle göttliche Realität spüren und erfahren konnten. Diese Fülle an kreativem, sozialem und kulturellem Engagement ist in meiner Generation fast lautlos zusammengebrochen, denn die Selbstwahrnehmung der Menschen hat sich vollkommen verändert.

Das Problem der Selbstwahrnehmung

Im neuen Denken ist die einzelne Person nicht mehr ein Glied einer menschlichen Familie, sondern ein zur Selbstentfaltung bereites Individuum, Bereits das Kind wird zu einem ehrgeizigen Wesen erzogen, Die kleine Person muss jetzt ein zielstrebiges individuelles Wesen werden, das stets ichbezogen das richtige Wissen über sich und die Welt hat. Der einzelne Mensch ist nur für sich selbst verantwortlich, und jedes Individuum muss sich selbst verwirklichen, bzw. als Individuum sich optimieren. Im Zentrum der Lebensführung stehen nicht mehr das Gemeinwohl, das Wohlwollen und die Nächstenliebe, und die Verantwortung gegenüber einer höheren Autorität fallen weg Der ursprüngliche Bezug zu GOTT wird nichtmehr gesucht. Dieser Prozess zur ichzentrierten Selbstverwirklichung begann mit der Aufklärung.

Die egozentrische Selbstwahrnehmung hat sich im Laufe der Zeit langsam eingebürgert, als sich der Wohlstand in der Gesellschaft breit machen konnte. Das Wissen und das Können eröffneten neue Horizonte und mit der Technik wurden unglaubliche Dinge realisiert. Die Menschen fühlten sich nicht mehr den Umständen ausgeliefert, denn mit dem riesigen neuen Wissen sahen sie sich berufen als Schöpfer eine neue und bessere Welt zu erschaffen. Das wachsende abstrakte Wissen wurde immer mehr als ein Allheilmittel zur Lösung aller Probleme verstanden. Der Glaube an GOTT und das Vertrauen auf seine Hilfe wurden vom überbordenden eigenen Wissen verdrängt und das logische Funktionieren der Welt wurde zum neuen Massstab für jede Einsicht.

Die bisherige subjektive Weltbetrachtung wurde durch eine objektive und sachliche Betrachtung der Wirklichkeit ersetzt. Alle Dinge wurden objektiviert, das heisst: Alle Erkenntnisse wurden auf klare und messbare Objekte fixiert. Mit dem richtigen Wissen konnte man jetzt die Objekte beherrschen, sie verändern, ausnutzen oder zerstören. Das neue richtige Wissen lieferte im Umgang mit den Objekten immer sichere und eindeutige Ergebnisse. Das führte unwillkürlich zu einem neuen Lebensgefühl; zu einem Bewusstsein der Herrschaft über die Welt.

Dieses herrschaftliche Verständnis der Welt hat auch der Klerus auf seine Weise übernommen. Aus diesem Verständnis heraus wurde der Gläubige zu einem fassbaren Objekt, das man mit dem richtigen Wissen formen und manipulieren kann. Der Klerus vergass, dass der Glaube eine freie und bewusste Entscheidung des Menschen ist, machte aus dem Glauben eine absolute Wahrheit und hat auf diese Weise die Herrschaft über die Gläubigen an sich gerissen. Doch das Dogma der päpstlichen Unfehlbarkeit konnte den rational denkenden Menschen nicht mehr verständlich gemacht werden, so wurde der kirchliche Glaube für immer mehr Christen unglaubwürdig.

Der Untergang der Kirche?

Diese neue, rational begründete Sichtweise der menschlichen Herrschaft über die Welt formt heute das Selbstverständnis der Gesellschaft, und zum Teil auch der Kirche, die allerdings gegenwärtig immer mehr an Bedeutung und Einfluss verliert.

Niemand wird bestreiten, dass die Kirchen in Europa einen unglaublichen Schwund an Mitgliedern erleben. Gerade die Katholische Kirche hat als Grund für die steigende Zahl an Kirchenaustritten stets auf die Säkularisation hingewiesen und sie für alle Austritte verantwortlich gemacht. Doch diese Behauptung ist nur die halbe Wahrheit. In Wahrheit liegen die Ursachen für den Niedergang der religiösen Glaubwürdigkeit in der Kirche selbst.

Als Johannes XXIII. das Konzil zur Erneuerung der Kirche ausgerufen hat, war die Überraschung gross. Doch das änderte sich mit dem Konzil. Da erwachte plötzlich in der gesamten Christenheit eine grosse Begeisterung. Die Gläubigen hatten ja immer Probleme mit einzelnen kirchlichen Vorschriften, den Dogmen und dem klerikalen Verhalten mancher Priester. Das sollte jetzt aufgearbeitet und verbessert werden. Die Erwartungen waren gross aber auch völlig unterschiedlich. Die Konzilsväter verfassten nach langen und auch heftigen Diskussionen wichtige Dokumente in deren Geist die Kirche erneuert werden sollte. Doch die Erneuerung blieb aus und die Begeisterung verschwand. Die spirituelle Reform der Kirche fand nicht statt.

Leider wurden die brennenden Fragen der Gläubigen nicht beantwortet, und die Probleme nicht gelöst, sondern die Lösungen immer wieder auf später verschoben. Wenn die Zeit reif sei, würden sicher die richtigen Änderungen kommen. Doch diese Zeit kam nie. Weder wurde das Zölibat aufgehoben noch lockerte man die alte rigide Sexualmoral. Als Paul VI. mit seiner Enzyklika weiterhin auf dem Verbot der Pille bestand, die eine Schwangerschaft verhindern sollte, war die Empörung gross. Aber statt sich mit dem Problem nun wirklich zu befassen, machte die Kirchenleitung einen noch grösseren Fehler. Sie spielte ihre Macht aus und verhinderte jede echte theologische Diskussion. Johannes Paul II. und Benedikt XVI. forderten Gehorsam von den Gläubigen, aber sie boten keinen einsichtigeren und plausiblen Glauben an. Der Vatikan ernannte vielmehr überall rückwärtsgewandte Bischöfe, bestrafte jeden kritischen Vorschlag von Theologen mit einem Sprechverbot und liess alle Synodenbeschlüsse von Laien unbeantwortet. Gleichzeitig wurden die Verfehlungen der Priester weiterhin verheimlicht und vertuscht Daher ist die Zukunftsperspektive der Kirche gegenwärtig düster.

Doch die Verheissung Christi immer den Gläubigen beizustehen, bleibt.

Der Rückblick in die Kirchengeschichte

Der Priester wurde nach dem Konzil endgültig auf einen Befehlsempfänger herabgestuft. Das schreckte junge Männer vom Priesterberuf ab. Bald gab es keine Vikare mehr, die für die Jungendarbeit eingesetzt werden konnten. Die einst blühende Jugendbetreuung im Glauben zerfiel. Der Priestermangel wurde immer grösser. Die noch zahlreichen Priester kamen ins Pensionsalter. Die Pfarreien fanden für den sonntäglichen Gottesdienst keine Geistlichen mehr. Pfarreien wurden faktisch aufgelöst und in Pfarrverbände umgewandelt. Die religiöse Betreuung erlosch. Steht jetzt der endgültige Untergang der Kirche bevor? Ein Blick in die Kirchengeschichte gibt Hoffnung.

Die Kirche ist und war nie eine unveränderliche Grösse. Sie hat sich immer der jeweiligen Zeit angepasst. Auch wenn manche Christen heute bestreiten, dass die Kirche ihre Form und auch ihre Lehre verändert hat, so fanden doch in der Kirchengeschichte grosse Veränderungen statt. Das kirchliche Leben musste sich den Lebensumständen der jeweiligen Zeit anpassen und es durfte nicht stagnieren. Die notwendigen Reformen waren immer schmerzhaft, aber die Veränderungen waren jeweils für die Gläubigen von grosser Bedeutung. Es ist ein Wunder, dass die Kirche die vergangenen fast 2000 Jahre seit ihrer Entstehung überlebt hat. Heute bedrängen die Kirche erneut grosse existenzielle Probleme, die unbedingt gelöst werden müssen. Dagegen gibt es leider einen erfolgreichen passiven innerkirchlichen Widerstand.

Seit dem Konzil leidet die Kirche an einem Reformstau. Eine starke Resignation verbreitet sich seither unter den Gläubigen. Das Mitgefühl der Christen für die Kirche schwindet und immer mehr Kirchgänger verlassen schweigend die Gemeinschaft. Sie sind für einen Aufstand nicht bereit, weil sie den Glauben an die Zukunft der Kirche bereits verloren haben. Der Glaube an die eine, heilige, katholische und apostolische Kirche, die das Glaubensbekenntnis beschreibt, bleibt für die modernen Zeitgenossen heute unverständlich. Diese Worte im Credo haben ihre überzeugende Kraft für die Lebensgestaltung verloren.

Liegt die Kirche wirklich im Sterben? Ja, ich denke dass die Kirche bereits in vielen Ländern Europas gestorben ist. Es gibt auch keinen echten Versuch zur Wiederbelebung des christlichen Glaubens. Die Menschen haben angefangen ihr eigenes Leben ohne jede religiöse Bindung zu gestalten. Sie sehen in der Religion nur noch eine überholte Fremdbestimmung, die ihre Freiheit einschränkt. Ihr eigenes Wissen über Gott und die Welt genügt ihnen vollkommen. Das Leben verstehen sie als Konsum und den Tod blenden sie aus. Leben heisst für die moderne Generation nur noch:

Persönliche Verbesserung meiner sozialen Situation!

Das Festhalten an traditionellen Überzeugungen halten sie für reaktionär, das ewige Ehegelübde z. B. für eine unmenschliche Vorstellung und sie sind der Meinung, dass alle Glaubensfragen auch dem Geschmack der Zeit anzupassen seien.

Trink oh Auge, was die Wimper hält von dem goldenen Überfluss der Welt!

Sie sind überzeugt von der Idee, dass das Heil der Welt im wissenschaftlichen Fortschritt liegt. *Nichts bleibt – alles fliesst.* Man ist überzeugt, dass es keine religiösen Wahrheiten geben kann. Dafür glaubt man an alles Mögliche, aber an nichts wirklich: Zufälle, Kartenlesen, Hellseher, Ufos Wesen im All, magische Orte, heilbringende Steine, Geister, Amulette, etc. Alles, was nützlich erscheint, wird ausprobiert, und je nach dem nützlichen Bedarf werden die Mittel ausprobiert. Alles, was mir nützt, ist für mich jetzt gut.

Der Blick auf das Weltgeschehen scheint diesen Sachverhalt zu bestätigen. In einer Welt der Egoisten und der Opportunisten wird alles ausgenützt. Man nimmt für sich heraus, was immer möglich ist. Wider besseres Wissen unterstützt man in der Politik Betrüger und Tyrannen, wenn sie die eigene verquere Gefühlswelt ansprechen. Weil man sich z.B. als Opfer von sozialen Ungerechtigkeiten sieht, will man die eigene Selbstbehauptung stärken.

Wie du mir, so ich dir!

In diesem neuen Selbstverständnis des Menschen ist kein Platz mehr für einen bleibenden und fundamentalen Glauben an die ewige Liebe GOTTES, denn die Liebe wird heute auch als ein vergängliches Gefühl gehalten, das kommt und geht. Die Liebe ist nützlich und sie wird daher auch ausgenützt. Die Liebe wird nicht mehr als eine bewusste menschliche Grundhaltung verstanden. Allein das richtige und brauchbare Wissen, nicht die Liebe bestimmt alles Denken und Handeln. Daher spielt die Nächstenliebe nur eine Rolle, wenn eine karitative Leistung in der konkreten Situation einen beidseitigen Gewinn bringt. Diese ichbezogene Denkweise ist auch unter den Christen sehr verbreitet.

Diese lieblose und egozentrische Haltung der Menschen ist nicht neu, und sie ist und war in gewisser Weise auch in der Kirche immer wieder sichtbar. Ein kurzer Blick in die Geschichte der Kirche bestätigt diese unchristliche Haltung. Ständig wurde auch unter den Christen aus Egoismus gegen die Nächstenliebe verstossen. Das begann mit den erbitterten dogmatischen Richtungskämpfen in der Antike. Nur zu oft wurde gegen das wegweisende Wort des Heiligen Augustinus gehandelt:

Verabscheue den Irrtum, aber liebe die Irrenden.

Mit dem Ende der Christenverfolgung unter Kaiser Konstantin 313 veränderte sich die Kirche radikal. Sie war nicht mehr eine verfolgte Gemeinschaft im römischen Reich, sie wurde als eine legale Organisation aufgewertet und die

Bischöfe erlangten den Beamtenstatus. Der Papst erhielt den Lateranpalast. Innerhalb der Kirche wurde der Bischof immer weniger als Hirte, sondern als ein Beamter angesehen. Im Gotteshaus, das jetzt in einer Basilika, dem Gerichtsgebäude eingerichtet wurde, sass der Bischof in der Apsis auf dem ehemaligen Richterstuhl und er leitete formal „ex cathedra" die Gottesdienste.

Als das römische Reich 476 zerfiel, blieb die Kirche intakt und übte weiterhin ihre soziale und caritative Hilfe aus. Die bisherigen Religionen verloren ihr Ansehen und verschwanden zuletzt. Unvorhergesehen fielen der kirchlichen Organisation politische Aufgaben zu. Das Selbstbewusstsein der Päpste wuchs und unter Papst Gelasius I. (492-496) wurde die Zwei-Gewalten-Lehre entworfen, die das ganze Mittelalter prägte. Der Papst schrieb 494 an den Kaiser Anastasius:

Zwei sind es nämlich, erhabener Kaiser, durch die an oberster Stelle die Welt regiert wird: die geheiligte Autorität (auctoritas) der Bischöfe und die kaiserliche Gewalt (potestas).Von diesen beiden ist die Last der Priester umso schwerer, als sie selbst für die Könige der Menschen vor Gottes Gericht Rechnung abzulegen haben".

Gregor I., der Grosse (590-604) erreichte mit seinem Wissen als ehemaliger Verwaltungsbeamter grossen politischen Einfluss. Er konnte den von Langobarden bedrohten hungernden Römern aus den kirchlichen Latifundien Getreide spenden. Der Papst übernahm in dieser schwierigen Zeit den Schutz der Bevölkerung, die der byzantinische Kaiser nicht mehr gewähren konnte. Dadurch verschmolzen Religion und Politik. Aus dem privaten Patrimonium Petri bildete sich der spätere Kirchenstaat, der bis 1870 bestehen blieb. Jetzt war der Papst ein weltlicher Fürst und zugleich das geistliche Oberhaupt der ganzen Kirche.

Das politische Machtdenken als Fürst reduzierte im Laufe der Zeit die christliche Nächstenliebe der Päpste.

Der weltliche Besitz der Kirche löste immer wieder Begierden nach Besitz, Herrschaft und Macht aus. Die „*Dunklen Jahrhunderte*"(9. und 11. Jahrhundert) zeigten das Petrusamt von einer grausamen und kriminellen Seite. Mit Mord und Todschlag kämpften römische Adelsfamilien um Amt und Besitz der Kirche. Dank dem Eingreifen der deutschen Kaiser konnte das Papsttum nach langen Kämpfen wieder in Ordnung gebracht werden. Es folgte eine Reform der Kirche im strengen Geiste von Cluny. Das Petrusamt gewann wieder Ansehen und der Papst setzte den Machtanspruch über die gesamte Christenheit durch. Es folgte 1054 der Bruch mit der Ostkirche, die den Machtanspruch Roms ablehnte, und in Deutschland begann der Streit mit dem Kaiser um die Laieninvestitur.

Der Papst verstand sich jetzt als das geistige Oberhaupt über Kaiser und Könige, über die Fürsten und die ganze Christenheit. Durch diesen Anspruch veränderte sich das Petrusamt grundlegend. Hatte Christus nach seiner Auferstehung Petrus zur absoluten Liebe zu den Menschen aufgefordert, so wurde jetzt die Macht des Amtes in der Kirche in den Vordergrund gerückt. Bonifaz VIII. fasste den päpstlichen Machtanspruch in der Bulle „Unam sanctam“ (18.11.1302) zusammen und erklärte, es sei: *Für jeden Menschen heilsnotwenig, dem römischen Bischof untertan zu sein*. Das lieferte reichlichen Zündstoff für Machtkämpfe um dieses päpstliche Amt, um den Besitz des Kirchenstaates und um die klerikalen Würden.

Auf dem von König Sigismund einberufenen Konzil in Konstanz 1414 mussten 3 Päpste abgesetzt, und ein neuer Papst Martin V. gewählt werden. Martin betrachtet sich selbst wieder als die höchste Instanz der Kirche und verbot den Konziliarismus, indem er verlangte, dass der Papst allein über dem Konzil stehe. Die auf dem Konzil beschlossene Reform der Kirche wurde nicht weitergeführt.

Mit der Reformation veränderte sich die Kirche erneut. Ein heidnischer Grundsatz bestimmte das Kirchenverständnis neu; „cuius regio, eius est religio“, d. h. *„der Landesherr bestimmt die Religion“*. Die protestierenden Fürsten versagtem dem Kaiser ihre Gefolgschaft und die protestantischen Fürsten verweigerten wiederum ihren Gläubigen die Teilnahme am Konzil von Trient. Die Einheit der römischen Kirche zerbrach.

Gegen diese neue Spaltung der Kirche wehrte sich das Konzil von Trient und verstärkte die Herrschaft des Papstes über die katholische Kirche. Der Papst regierte nun die Kirche wie ein absolutistischer Fürst. Mit dem Katechismus wurde die Einheit von Lehre und Herrschaft verfestigt. Mit dem richtigen dogmatischen Wissen und der päpstlichen Autorität wollte man jede weitere Spaltung unter den Katholiken verhindern. Ergänzt wurde die rationale Kirchenlehre durch eine immer grösser werdende Marienverehrung, die das Gefühl der Gläubigen ansprach. Vorbild im Glauben war nicht mehr die Nachfolge Christi, sondern die Muttergottes. Sie verkörperte das stille und devote, das gehorsame und richtige neue Glaubensideal. Mit den beiden Mariendogmen wurde dieses Verständnis gefördert. Die reine Jungfrau Maria, jetzt ohne das Christuskind dargestellt, besiegt auf der Schlange stehend den Teufel der Häresie. Die Gläubigen sollen jetzt immer demütig wie Maria den kirchlichen Anordnungen gehorchen.

Ein weiteres Wort des heiligen Augustinus prägte seither grundsätzlich das Selbstverständnis der Kirche: *„roma locuta, causa finita“*. Das bedeutete auch das Ende aller theologischen Erneuerungen, denn jede kritische Äusserung eines Theologen wurde sofort nach Rom denunziert und produzierte dort eine öffentliche Rüge oder es wurde vom Angezeigten eine sofortige Widerrufung der Aussage verlangt. Alle Macht lag nun ausschliesslich im Vatikan. Mit dem Dogma der päpstlichen Unfehlbarkeit 1870 wurde die Einheit der Kirche nicht mehr dem Heiligen Geist, sondern dem Papst zugesprochen. Damit wurde die Kirche endgültig zu einem streng hierarchischen Verein von Gleichgesinnten. Damit verlor die Kirche, die sich jetzt als eine vollkommene Gemeinschaft (societas perfecta) verstand, auch den spirituellen Bezug zum Reich GOTTES.

Seither herrscht in der Kirche ein Machtkampf. Es ist ein Streit, der sehr wenig mit christlichem Glauben zu tun hat. Es geht um den Besitz der ewigen Glaubenswahrheit, die als unveräusserlich betrachtet wird. Die konservativen Christen sehen in jeder Veränderung bereits einen Abfall vom wahren Glauben. Sie sind überzeugt, dass sie die Fülle der Wahrheit über das Christentum und seine Botschaft besitzen. Diese starre Haltung hat ihren historischen Grund im kirchlichen Machtdenken nach der alten Zwei- Gewalten-Lehre, die zu einer ungerechtfertigten Trennung zwischen der Welt des Glaubens und der profanen Welt der Menschen geführt hat. Der Begriff „weltlich“ wurde als Ablehnung des Glaubens bekämpft. Unwillkürlich wird das Wort „weltlich“ zum Gegensatz zu „göttlich“. In der Folge wird das Weltliche abgewertet, negativ angesehen und als menschlich, unvollkommen und sündig beurteilt. Dagegen steht das göttliche Wort, in der Interpretationsvollmacht des Heiligen Offiziums das jetzt dogmatisch unveränderlich und wahr, ewig und bleibend ist.

Diese Trennung ist eine Fehlkonstruktion, die auf dem Machtprinzip beruht, das immer alles in „oben“ und „unten“ einteilt. Auf die Welt des Glaubens angewandt, bedeutet diese Trennung: GOTT ist oben und er ist gut, die Welt der Menschen ist dagegen unten; das heisst schlecht und böse.

Diese Deutung des Glaubens widerspricht der Botschaft Christi. Christus hat nicht Macht und Herrschaft gelehrt; er hat den Jüngern vielmehr Liebe und Mitmenschlichkeit als Lebensprinzip vorgelebt. Als Gesellschaft hat die Christenheit dieses Grundprinzip vernachlässigt. Nicht der Heilige Geist, sondern nur die klerikale Hierarchie leitet gegenwärtig die Kirche, die sich damit endgültig vom verheissenen Reich GOTTES trennt.

Für alle Christen bleibt die persönliche Mitarbeit am Reich GOTTES die zentrale Lebensaufgabe. In erster Linie ist der Gläubige ein Mensch, der immer und überall auf GOTT vertraut und die göttliche Liebe als Grundlage für sein Denken und Handeln annimmt. Er lebt in der Welt des Vaterunsers. Er wendet sich GOTT zu und er versucht in seinem Leben die Liebe zu verwirklichen.

Der kurze Rückblick auf die Kirchengeschichte zeigt die grossen Veränderungen in der Kirche auf. Die Kirche hat sich auf vielfache Weise reformiert und sie hat sich immer wieder aufgefangen. Die Rede von einer ewigen, unantastbaren Institution Kirche mit einem unveränderlichen Glauben ist falsch. Die Kirche ist immer den zeitlichen Umständen und ihren

Veränderungen ausgesetzt, das heisst, sie muss sich immer wieder neu an Christus orientieren und sich immer wieder von Macht und Besitz trennen.

Das Wesen der Kirche liegt in ihrer echten Verbundenheit mit Christus und seiner Botschaft. Das ist eine schwierige Aufgabe, die nur gelöst werden kann, wenn sie sich vom Heiligen Geist leiten lässt. Das haben offensichtlich viele Christen vergessen, denn sie sind überzeugt, dass sie mit ihren Einsichten die Kirche besser leiten können als der Klerus. Sie sehen allerdings in der Kirche nur eine gesellschaftliche Institution, die sich in dieser Welt sozialpolitisch profilieren muss, damit sie nicht untergeht. Sie haben persönlich auch kein Vertrauen in den Heiligen Geist, der die Gemeinschaft der Gläubigen leitet. Diese Einstellung hat leider nichts mehr mit der Botschaft Christi zu tun.

Heute muss sich der Christ wieder an der Verheissung Christi orientieren, und das Reich GOTTES ins Zentrum des Glaubens stellen. Das bedeutet, dass sich jeder Christ intensiv mit der Bedeutung der Liebe GOTTES in seinem persönlichem Leben auseinander setzen muss und dass er in seinem Denken und Handeln immer bereit ist, sich vom Heiligen Geist lenken und leiten zu lassen. Christ sein heisst: Aktiv gemeinsam mit GOTT zu arbeiten.

Die Kirchengeschichte offenbart das wunderbare Wirken des Heiligen Geistes. In den dunkelsten Stunden der Kirche tauchten helle Personen auf, die als Heilige die Glaubensgemeinschaft radikal erneuerten. Als das Römische Reich zerfiel, rettete Leo der Grosse die Kirche vor dem Untergang. Franziskus hat mit seinem Verständnis der Armut die reiche Kirche vor der Selbstzerstörung bewahren können und in der Reformation hat Ignatius die Trennung der Gläubigen vom Papst verhindert. Es sind die vielen Heiligen, Männer und Frauen, die immer wieder die kirchliche Gemeinschaft vor dem Untergang retten konnten. Daher kann der Christ zuversichtlich in die Zukunft der Kirche schauen. Der Heilige Geist ist immer in der Gemeinschaft der Christen am Werk. Allerdings kann nur das Gewissen, nicht das logische Wissen, das Wirken des Heiligen Geistes wahrnehmen.

Die wichtigste Aufgabe der Kirche ist die Förderung der GOTTES-und Nächstenliebe in den Herzen der Christen. Dafür wurde im Sakrament der Beichte ein gutes Mittel zur Gewissensbildung entdeckt. Leider führte dieser Weg in eine Sackgasse. Das Beichtgeheimnis verweigerte sich der Realität, und mit der immer häufiger geforderten Beichtpraxis verkümmerte die echte Bildung der Gewissen. Aus der Beichte wurde eine oberflächliche Alibiübung, die jetzt aus dem kirchlichen Alltag verschwindet. Gleichzeitig deckte das Beichtgeheimnis die schweren sexuellen Missbräuche durch Priester. Das unlautere Beichtgeheimnis versteckte die Schuldigen vor jeder Anklage, denn die kirchliche Institution musste makellos und heilig bleiben. Die scheinbare Reinheit der Kirche war für den Klerus wichtiger als die Redlichkeit.

Die Wahrnehmung der Wirklichkeit mit dem Wissen oder dem Gewissen?

Im ursprünglichen Verständnis der Menschen war die Welt zweigeteilt: In eine Sichtbare und in eine Unsichtbare. Über allem stand GOTT als das Höchste Wesen. GOTT war immer transzendent und immanent, d. h. GOTT war für das menschliche Bewusstsein zunächst völlig unfassbar, geheimnisvoll, aus einer andern Welt und zugleich auch der Schöpfer und Erhalter der sichtbaren Erde, d.h. stets immanent in der sichtbaren Welt. IHN konnte der Mensch nur dankbar annehmen und staunend verehren. Diesem transzendenten GOTT gegenüber fühlte sich das persönliche und individuelle menschliche Gewissen immer direkt verantwortlich. Das eigene Bewusstsein wurde in der göttlichen Allwissenheit verankert und von GOTT überprüft.

Auf diesem Überdenken des „Unfassbaren“ beruht jede Religion. Der religiöse Mensch fühlt sich stets von wunderbaren Kräften getragen, und glaubt an die göttliche Gegenwart. Er ist voll guter Hoffnung, erfährt das Leben als eine grosse Offenheit; einerseits als unverständlich und anderseits doch wieder als sinnvoll und gut. Im religiösen Bewusstsein wird das Gute stets gläubig erkannt und angenommen und nicht von dem logischen Wissen produziert. Das Wissen erfasst in der realen Welt nur den konkreten Nutzen einer Handlung. Das Nützliche und das Gute sind daher nicht identisch. Im religiösen Verständnis des Menschen ist GOTT nicht das Nützliche: ER ist vielmehr der Gute schlechthin, den der Gläubige mit dem Gewissen sucht.

Das religiöse transzendente Denken über die Wirklichkeit GOTTES, der das Wunder der Welt erschafft, macht das individuelle und persönliche Fühlen und Handeln des gläubigen Christen gegenüber den Mitmenschen bescheiden und hilfsbereit, denn die denkende Person weiss intuitiv, dass kein Mensch ein sicheres Wissen für die eigene Lebensgestaltung hat. Dank dem persönlichen Gewissen will der religiöse Mensch in seinem Dasein das Gute suchen und mit seinem wohlwollenden Handeln auch verwirklichen. Nur diese Lebensweise hält der geistig offene religiöse Mensch für richtig, sinnvoll und gut. Für die religiöse Person ist folglich das eigene Gewissen, nicht das Wissen die gestaltende, richtige und gute Lebensorientierung.

Das Gewissen des Menschen befasst sich mit der komplexen Wirklichkeit und sucht nach der besten passenden Erklärung, um konkrete Probleme richtig zu beurteilen und zu lösen. Dabei nimmt das Gewissen die Welt so wahr, wie sie ist: Klar und unklar, einsichtig und uneinsichtig, erfahrbar und nicht erfahrbar, gefühlt und nicht gefühlt, real und irreal, möglich und unmöglich, wahrscheinlich und unwahrscheinlich, sicher und unsicher, etc. und sucht das jeweils Ganze im Netz der vielen Beziehungen zu verstehen. Das moderne wissenschaftliche Wissen dagegen ist immer nur auf konkrete gleichbleibende Beziehungen ausgerichtet, die verifiziert stets die gleichen sicheren Ergebnisse erbringen müssen. Erst diese verengende Suche nach den gleichbleibenden Einsichten ermöglicht die moderne Technik. Die Wissenschaft ist die Grundlage für jeden technischen Fortschritt, aber gleichzeitig unfähig das individuelle Subjekt Mensch objektiv zu zerlegen. Der Mensch hat objektiv einen materiellen Körper und er hat subjektiv ein freies geistiges Bewusstsein. Das Gewissen versucht die materiellen Objekte und die freien geistigen Einsichten zu einem guten Ganzen zu verbinden.

Der unglaubliche Erfolg der modernen Technik hat das geistige Bewusstsein in der Wahrnehmung der Welt grundlegend verändert. Man meint heute, dass nur das richtige Wissen den Fortschritt der Menschheit ermöglichen kann. Das wissenschaftliche logische Denken ersetzt den religiösen und spirituellen Glauben, denn nach der Logik der Wissenschaft braucht es zum eigenen Erfolg im Leben keine religiösen Vorstellungen. Glück und Erfolg im Leben sind nur innerweltlich (materiell) und ohne jede transzendente (geistige) Beziehung mit dem richtigen Wissen auf dieser Welt zu finden.

Nur das richtige Wissen ermöglicht das materielle Glück auf dieser Welt!

Allerdings ist diese wissenschaftliche Sicht im Blick auf das grausame Chaos in der heutigen Welt der Menschen ein naiver Aberglaube. Doch das will die moderne Gesellschaft nicht sehen und anerkennen. Zu gross ist ihr blindes Vertrauen in die möglichen wissenschaftlichen Erfolge. Man meint, dass mit der Wissenschaft der materielle Wohlstand und der Weltfriede möglich werden.

Selbst in den Köpfen der religiösen Menschen ist das wissenschaftliche Denken wichtiger als der staunende Glaube an die göttliche Wirklichkeit. Auch in den Herzen der Gläubigen hat das Wissen das persönliche Gewissen in der Beurteilung der menschlichen Wirklichkeit verdrängt. Das wissenschaftliche Wissen ist objektiv und sicher; das religiöse Gewissen bietet aber nur eine subjektive und ungesicherte Erkenntnis. Die meisten religiösen Menschen haben sich dem Zeitgeist angepasst, ihren Glauben verloren oder in eine sichere Ideologie verwandelt, die keine Abweichung mehr toleriert.

Viele strenggläubige Menschen stehen nicht mehr dankbar und demütig vor dem lebendigen GOTT, den sie anbeten. Sie suchen mit ihrem persönlichen Gewissen nicht mehr den göttlichen Rat für die konkrete Gestaltung ihres Lebens. Vielmehr wissen die neuen radikalen Gläubigen heute genau, was ihr Ego-Gott will. Dieses moderne religiöse Verständnis offenbart sich gegenwärtig überdeutlich im Islam. Der Gotteskrieger geht hin, schreit Allah Akbar und überfährt mit seinem Lastwagen gewissenlos unzählige Menschen. Er freut sich sogar über seine ruchlose Tat und glaubt seinem Gott ein würdiges Opfer darzubringen. Er weiss sicher, dass er beauftragt ist, den

Willen Allahs zu erfüllen und alle Ungläubigen zu bestrafen, und er hat dabei überhaupt keine Gewissensbisse. Seine Religion ist sein sicheres Wissen.

Da liegt eine ungeheure Pervertierung der Religion vor. Für den Taliban ist Religion eine Ideologie, die den jenseitigen Bezug zur göttlichen Wirklichkeit verloren hat. Mit seinem Verstand erfindet er seinen eigenen Gott, der in Wahrheit nichts mit GOTT zu tun hat. In der Tat ist das eigene Ich sein eigentlicher Gott, denn er leugnet seine Verantwortung vor GOTT, und er vernichtet auch sein Gewissen mit seinem selbstgebastelten ideologischen Wahn. In seinem Weltbild ist sein Gott ein innerweltliches, politisches und gesellschaftliches Objekt, das er als eine ideologische Macht für seine Ziele einsetzt, um die totale Herrschaft über alle Menschen durchsetzen zu können.

Die radikalen Gläubigen, die GOTT vergessen haben, reden immer von Wahrheit und Gerechtigkeit, die sie im göttlichen Auftrag durchsetzen müssen. Sie kennen kein Mitgefühl mit den Menschen, die ihre Vorstellungen nicht teilen. Die Triebfeder ihres Denkens und Handelns schöpfen sie aus der von ihnen beanspruchten göttlichen Allmacht, die ihnen die Bestrafung der Ungläubigen überträgt. Toleranz ist für sie ein Übel, das man ausrotten muss. Für die Feinde ihrer „Religion" gibt es keine Gnade. Ihr Gott ist gross und allmächtig. Sie hassen alle Menschen, die ihren ideologischen Glauben nicht annehmen, und das Christentum wird in ihrem Verständnis als schwach und kraftlos verachtet. In ihren Augen ist der Gläubige nie ein wehrloser Märtyrer, sondern ein starker Krieger, der möglichst viele Feinde tötet.

Gegenwärtig wird von diesem neuen gottlosen Verständnis der Religion der Nahe Orient gewalttätig zerstört. Unverständnis, Ungerechtigkeit, Bestrafungen und gnadenlose Vergeltung bestimmen das Denken und Handeln der religiösen Fundamentalisten im politischen Alltag. Von diesen fanatischen Gläubigen werden die politischen Forderungen als göttliche Befehle bezeichnet. Folglich müssen alle Menschen bedingungslos den Willen ihrer Gottheit erfüllen:

Gott verlangt jetzt, dass sich alle Menschen der Scharia unterwerfen. Gott will, dass alle Menschen die Auserwählung der Gläubigen anerkennen. Gott fordert für Israel, bzw. für den Islam das Heilige Land. Etc.

Die Hamas und die Siedler bestimmen zurzeit erfolgreich in ihrem Machtbereich die Politik Die beiden Positionen sind unvereinbar, ein Kompromiss ist nicht möglich und so wächst der Hass im alltäglichen Streit Dieser Streit hat nichts mit einer religiösen Ausrichtung der Menschen auf GOTT zu tun. Hier wird die Religion für die Durchsetzung politischer Ziele missbraucht. Das menschliche Gewissen wird ideologisch in ein Wissen umgepolt. Die eigene Ideologie bestimmt die pseudoreligiöse Ausrichtung.

Höhepunkt dieser pseudoreligiösen Bemühungen sind die Theorien über den zu errichtenden Gottstaat. Jeder „Gottesstaat", der immer mit brutaler Gewalt durchgesetzt wird, ist eine radikale Verachtung GOTTES. Eine machtbesessene politische Gruppe will mit allen Mitteln über die Menschen herrschen und sie erniedrigen. So wird heute im Iran die Religion missbraucht und Allah von den Gotteskriegern ausgenutzt, um in Wahrheit alle Menschen, die Widerstand leisten, schikanieren und umbringen zu können. In dieser Form der Religion wird Gott nicht mit der Liebe, sondern mit dem Hass identifiziert.

Nicht jeder, der heute die Religion verteidigt ist in Wahrheit wirklich religiös. Religiös ist ein Mensch nur, wenn er von Herzen GOTT sucht, staunend und dankbar die Anwesenheit der göttlichen Wirklichkeit verehrt und mit seinem Gewissen den Spuren der Liebe GOTTES in seinem Leben folgt.

Wenn der Mensch die Beziehung zu GOTT ablehnt, macht er sich selbst zur letzten Entscheidungsinstanz. Das macht das menschliche Leben nicht einfacher. Die meisten Menschen schätzen sich wahrscheinlich zu Recht als rechtschaffen und gut ein. Doch die existenziellen Probleme werden sofort belastend, wenn die Person von den Mitmenschen ungerecht behandelt und mit Bosheit, angegriffen wird. Was kann der betroffene Mensch nun tun?

Die meisten Menschen greifen dann auf das Prinzip: *Auge um Auge, Zahn um Zahn* zurück. Doch dieses scheinbar vernünftige Prinzip funktioniert nicht. Es setzt in Wirklichkeit nur das begangene Unrecht fort, so wie die alte Blutrache in eine Endlosschlaufe gerät. Ohne den bewussten Willen beider Parteien zur Versöhnung gibt es keinen Kompromiss und auch keinen Frieden. Wenn die menschlichen Gefühle zu stark verletzt wurden, verwandelt sich die Vergeltung in Hass und aus der einfachen Kompensation wird die Vergeltung ins Unermessliche gesteigert. 1:10, 1:100; 1:1000. Etc. Man will in Wahrheit die totale Vernichtung des Gegners. Auf diese Weise wird jede Verständigung verhindert. Wenn die Menschen keinen festen Bezug zum Guten haben, und keine Verantwortung vor GOTT annehmen, werden sie alles scheinbar Nützliche gnadenlos einsetzen, um den Feind endgültig zu vernichten.

So ist es nicht erstaunlich, dass Menschen alles tun und selbst vor unmenschlichen Taten nicht zurückschrecken. Ihr Verstand liefert ihnen immer die passende Rechtfertigung. Um die schlimmsten Verbrechen zu verhindern, beruft sich die Gesellschaft immer wieder auf die Moral und auf die Macht der Gesetze. Die Moral ist aber auch bloss ein menschliches Machwerk und die Macht der Gesetze ein zwiespältiges Instrument. Ein Tyrann kennt keine Moral, verdreht die Gesetze, lügt, wenn es ihm nützt, missbraucht seine Macht und verachtet die Wahrheit. Dazu kommt, dass er ein Heer an gewissenlosen Gesellen hat, die ihn bedenkenlos unterstützen.

In einer Welt, die das Gewissen verachtet und keine feste Orientierung kennt, verfallen die Menschen automatisch dem Bösen.

Das Reich GOTTES

In einer Welt, in der die Menschen nicht mehr nach der göttlichen Liebe streben, das Gewissen ausschalten, das eigene Ich anbeten und nur noch nach dem nützlichen Wissen suchen, wird in Wahrheit die Hölle auf Erden verwirklicht. Gegen dieses brutale egoistische Denkmodell der politischen Macht als Gestalter der Weltordnung wendet sich Christus mit seiner Vision vom künftigen Reich GOTTES.

Christus hat während seiner öffentlichen Tätigkeit sehr wenig über die damalige Politik gesprochen. Das ist aussergewöhnlich, denn die politische Situation in seiner Heimat war damals wie heute höchst explosiv. Der kommende Aufstand gegen die Römer stand bevor. In diesen Streit hat sich Christus nicht eingemischt, denn er wollte kein politischer Messias werden. Er sprach mit allen Menschen: Juden und Römern, Samaritanern und Heiden über das Himmelreich bzw. das Reich GOTTES. Diese apolitische Haltung wurde ihm übel genommen. Nach dem fulminanten Einzug in Jerusalem vertrieb er die Händler aus dem Tempel und er verlor kein Wort über die römische Herrschaft und rief gar nicht zu einem Aufstand auf. Das erklärt auch, warum die Begeisterung der Volksgemeinschaft für Christus plötzlich in blanken Hass umschlug und sie den missratenen Wundertäter dafür bestrafen wollten, der nichts zur Befreiung seines Volkes unternahm.

Diese Entwicklung hat Christus kommen sehen, und die Jünger auf sein Leiden und seinen Tod vorbereitet. Doch die Jünger konnten und wollten das nicht erkennen. Als dann Christus wirklich gefangen wurde, flohen die Jünger. Sie verstanden noch immer nicht die Botschaft Christi vom Reich GOTTES, das auf der unendlichen Liebe GOTTES beruht. Christus ist seiner Aufgabe treu geblieben, und er hat die Liebe GOTTES bis in den Tod vorgelebt.

Christus hat noch vor seinem letzten Atemzug am Kreuz dem reumütigen Schächer das Paradies versprochen. Das Paradies können die Menschen nur finden, wenn sie an die Liebe GOTTES glauben und auch bereit sind einander zu verzeihen. Das Eingeständnis der Schuld fällt allen Menschen schwer, wenn sie sich nicht von einer grösseren Liebe getragen fühlen.

Der Christ unterwirft sich als Sünder freiwillig der göttlichen, bzw. der menschlichen Barmherzigkeit und verzichtet auf seine Macht. Mit dem Eingeständnis der Schuld leistet der Mensch einen freien und persönlichen Gewissensentscheid obwohl vielleicht der Verstand in der konkreten Lage eine Lüge als günstigere Lösung vorschlägt. Die geistige Person sucht nach der Wahrheit und findet sie in der unendlichen Liebe GOTTES, die ihr die notwenige Kraft gibt, das fremde Urteil anzunehmen. In dieser Sicht ist daher das Reich GOTTES nicht von dieser Welt. Das Reich GOTTES ist gewaltlos.

Das Reich GOTTES hat deshalb auch mit einem pseudoreligiösen Gottesstaat grundsätzlich nichts gemeinsam. Das hat Christus vor seiner Verurteilung dem Pilatus sehr deutlich erklärt:

Mein Königtum ist nicht von dieser Welt. Wenn es von dieser Welt wäre, würden meine Leute kämpfen, damit ich den Juden nicht ausgeliefert würde. Aber mein Königtum ist nicht von hier. Pilatus sagte zu ihm: Also bist du doch ein König? Jesus antwortete: Du sagst es, ich bin ein König. Ich bin dazu geboren und dazu in die Welt gekommen, dass ich für die Wahrheit Zeugnis ablege. Jeder der aus der Wahrheit ist, hört auf meine Stimme. Pilatus sagte zu ihm: Was ist Wahrheit? (Joh 18, 36-38).

Das Reich GOTTES kennt keine Herrschaft, benutzt keine Macht und niemand wird unterdrückt, denn es ist auf der göttlichen Liebe aufgebaut. Die echte, existenzielle Erfahrung der Liebe GOTTES erfährt der Geliebte wie ein Wunder aus einer andern Welt. Die Liebe wird mir geschenkt, ich kann sie nicht einfordern und ich kann sie nicht kaufen. Sie ist in der Geschäftswelt von „geben" und „nehmen" nicht vorhanden. In einer profanen Welt geht es nur um Nutzen, Vorteile und Gewinne. Das wird im Prozess gegen Christus deutlich sichtbar. Christus wird gegen den Barabbas ausgetauscht, der als Mörder im Kampf gegen Rom dem Volk mehr Gewinn verspricht. Nicht das Wohlwollen sondern der Egoismus leitete das Verhalten der enttäuschten Gegner Christi, die mit brutaler Gewalt die Herrschaft der Römer vernichten wollen.

Ohne jeden Bezug zur Wahrheit wird Christus zum Tod am Kreuz verurteilt und hingerichtet. Die politischen und gesellschaftlichen Besitzer der Macht kümmern sich nicht um die Wahrheit, wenn sie keinen Nutzen verspricht. Der Wahrheit wird in ihrem Selbstverständnis keine Objektivität zugesprochen, denn Wahrheit wird als subjektive Einbildung blossgestellt. In der Tat verkaufen alle Egoisten und Tyrannen ihre Lügen als Wahrheiten. Das reine Machtdenken beansprucht allein für sich selbst die richtige Auslegung der Wahrheit. Mit diesen egoistischen und kalten Berechnungen der Menschen von Nutzen und Gewinn hat das Reich GOTTES nichts gemein, weil es sich im menschlichen Wohlwollen und in der Nächstenliebe verwirklicht.

Für jede Person ist die gewissenhafte Lenkung der eigenen Gefühle zum Guten, zum Wohlwollen und zur Liebe hin eine Überforderung. Sie gelingt nur mit fremder Hilfe. Nur zu oft stehen die Menschen ratlos vor ihren zerbrochen Beziehungen, denn auch in jeder profanen zwischenmenschlichen Beziehungen kann eine nicht erfüllte, aber sehnlichst erwartete Liebe sich schnell in Hass verwandeln. Die Enttäuschung verbittert die Menschen. Das hat auch Christus noch am Kreuz erfahren.

„Auch die Hohenpriester und die Schriftgelehrten verhöhnten ihn und sagten zueinander: Andern hat er geholfen. Sich selber aber kann er nicht helfen. Der Messias, der König von Israel! Er soll doch jetzt vom Kreuz herabsteigen, damit wir sehen und glauben" (Mk 15,319).

In einer Welt in der die Selbstverwirklichung zum höchsten gesellschaftlichen Lebenzweck erhoben wird, ist die Annahme fremder Hilfe ein Zeichen der Schwäche. Kann der Wundertäter nicht vom Kreuz herabsteigen, so ist er ein Schwächling. Wäre er der Messias, so wäre er ebenso stark wie Gott. Das Denken in den Begriffen von Macht, Stärke und Herrschaft verachtet die Liebe als eine Schwäche. Daher konnten die Schriftgelehrten Jesus auch nicht verstehen, der GOTT als die absolute Liebe verstand, die alle Menschen als Lebenskraft annehmen sollten. Die Gegner Christi hatten ein klares Ziel vor Augen: Sie wollten mit der allmächtigen Kraft Gottes die Römer besiegen.

Zum Verhältnis der Jünger untereinander im Reich GOTTES hat Christus auch sehr klare Worte gesprochen: Da rief Jesus sie zu sich und sagte:

„Ihr wisst, dass die Herrscher ihre Völker unterdrücken, und die Mächtigen ihre Macht über die Menschen missbrauchen. Bei euch soll es nicht so sein, sondern wer bei euch gross sein will, soll euer Diener sein. Denn auch der Menschensohn ist nicht gekommen, um sich dienen zu lassen, sondern um zu dienen und sein Leben hinzugeben als Lösegeld für viele" (Mt 20,25-28).

Noch deutlicher spricht Christus über die Feindesliebe, die im Reich GOTTES als Grundstruktur für das menschliche Verhalten gefordert wird.

„Ich aber sage euch: Liebt eure Feinde und betet für die, die euch verfolgen, damit ihr Söhne eures Vaters im Himmel werdet, denn er lässt seine Sonne aufgehen über Bösen und Guten, und er lässt regnen über Gerechte und Ungerechte" (Mt 5,44.45).

Diese übermenschlichen Anforderungen Christi kann eine vernünftige Person nur annehmen, wenn sie von der grenzenlosen Liebe GOTTES überzeugt ist. Allein das unbedingte Vertrauen in die überweltliche göttliche Liebe ermöglicht es den Menschen, wahre Menschen zu werden und das Böse in dieser Welt zu überwinden. Obwohl Petrus während des Prozesses den Christus öffentlich 3x verleugnet hat, hat der Auferstandene ihn zum Hirten, aber nicht zum Herrscher über die Jünger gemacht. Erst nachdem Petrus 3x seine Liebe zu Christus bekannte, übertrug Christus ihm das Hirtenamt.

Da wurde Petrus traurig, weil ihn Jesus zum dritten Mal gefragt hatte: Hast du mich lieb? Er gab ihm zur Antwort: Herr, du weisst alles; du weisst auch, dass ich dich lieb habe: Jesus sagte zu ihm: Weide meine Schafe!"(Joh 21,17).

Im Reich GOTTES, bzw. in der kirchlichen Gemeinschaft ist nicht die autorisierte Herrschaft das Fundament der Gemeinschaft, sondern die Liebe.

Das christliche Gewissen und das kollektive Wissen

In der Politik geht es um das kollektive Wissen und um die Herrschaft über die Mitmenschen. Das Reich GOTTES dagegen hat mit einem politischen Machtdenken und einem pseudoreligiösen kollektiven Wissen nichts zu tun. Das Reich GOTTES wird mit dem persönlichen Gewissen in Zusammenarbeit mit der Liebe GOTTES realisiert. Das christliche Gewissen verpflichtet sich, das Wohlwollen zu pflegen und das Gute für die Gemeinschaft zu verwirklichen. Die Macht spielt keine Rolle. Für die Lösung der Probleme der vielen zwischenmenschlichen Konflikten geht es für Christen immer um Verständnis und Verständigung.

Das kollektive Wissen einer Gesellschaft garantiert keinen Frieden, denn der Friede kann als ein abstrakter Begriff in Wirklichkeit nicht programmiert werden. Der Friede, das Schöne das Gute, usw. sind Abstraktionen. Diese Begriffe haben eine allgemeine Dimension und zugleich eine konkrete Form. Sie entziehen sich der sprachlichen Eindeutigkeit denn sie sind an konkrete Umstände gebunden, die oft erst nachträglich richtig erkannt werden. Das Wesentliche im Leben des Menschen ist offensichtlich sprachlich sehr schwierig zu erfassen. Der Mensch kann ein „Wissen“ erfahren, das er mit seinem Sprachvermögen nicht adäquat ausdrücken kann. Dazu gehört auch die Rede über GOTT. GOTT ist im Gewissen verankert, und er ist nicht im eindeutigen abgetrennten Wissen zu finden.

Mit der Benutzung der gemeinsamen Sprache besitzen die Menschen eine subjektive Wahrnehmung und ein ständig wachsendes grosses objektives Wissen. Diese Einsicht war bereits in Anfängen der menschlichen Geschichte das Fundament für die Entstehung einer gemeinsamen religiösen Wahrnehmung der Wirklichkeit. Den Menschen war immer klar, dass sie nur geschaffene Wesen sind, abhängig von einem „Grösseren“, das sie geistig nicht genau bestimmen konnten, und das sie daher auch vernünftig interpretieren mussten. Der Glaube war daher für sie eine notwendige Form der Erkenntnis. Mit dem Begriff GOTT versuchte man das Unerklärliche vernünftig und verständlich zu deuten.

Seit sich die Menschen ihrer selbst bewusst sind, haben sie auch das „grössere Ganze“, bzw. GOTT, als den realen Schöpfer der Wirklichkeit wahrgenommen. Das menschliche Selbstbewusstsein ist daher grundsätzlich religiös ausgerichtet, denn das Gewissen sucht nach dem Fundament des eigenen Daseins und nach dem „Guten“, das es im Leben zu verwirklichen gibt. Das Gute widersteht dem reinen Wissen, denn es wird gläubig mit einer begründeten Hoffnung gesucht, und das getane Werk wird sehr oft erst nachträglich als richtig und gut erkannt. Gutsein, Schönheit, Wahrheit, Gerechtigkeit, etc. sind klare abstrakte Begriffe, die als Ideen nur bedingt der realen Wirklichkeit entsprechen. Ebenso sind die gefühlten persönlichen Erfahrungen nur beschränkt sprachlich vermittelbar. Diese komplexen Voraussetzungen erschweren eine einfache Verständigung, um die vielen Probleme und Konflikte im Zusammenleben gut lösen zu können. Zudem hat jeder Mensch immer eine ganz persönliche Wahrnehmung der Wirklichkeit.

Die alte, überlieferte, gemeinsame Annahme einer höheren übermenschlichen Autorität machte die einzelnen Individuen mit ihren unterschiedlichen Ansprüchen ähnlich, und schaffte mit dieser Basis eine gewisse ideelle Gerechtigkeit, die jedem das Seine gewährt. Natürlich konnte der Stärkere jederzeit das Recht brechen, doch dann konnte man ihm mit der „Höheren Instanz“, die über der Menschheit stand, und mit einer kommenden Strafe drohen. Dieses Denksystem hat offensichtlich die Menschheit bis heute vor der realen und möglichen Selbstvernichtung bewahrt.

Mit der Annahme einer „Höheren Macht“ entstand das gemeinsame religiöse Selbstverständnis in der Stammesgemeinschaft. Das kollektive Gedenken schuf eine verbindliche Moral, regelte die vielen komplexen zwischenmenschliche Beziehungen und begründete gemeinsame Feste. Die Religion gab den individuellen Menschen im Stammesverband einen gemeinsamen vernünftigen Sinn für ihr Leben. Diese Deutung des Lebens war weder sicher noch beweisbar, sondern ein gemeinsamer Glaube.

Die religiöse Tradition verfestigt sich in jeder Gemeinschaft. Aus Regeln werden Gesetze, aus Gedanken ein Wissen und aus der ursprünglichen Offenheit eine erstarrte Ordnung, die später jeweils den Untergang der religiösen Überlieferung nach sich zieht. Die Erfahrung veränderter Lebensumstände erschüttern sehr oft die alten überlieferten Traditionen und die Menschen suchen eine neue religiöse Deutung ihrer Existenz.

Mit Verachtung wird heute über die christliche Mission geurteilt. Die Missionare hätten die Religion der armen indigenen Völker bösartig zerstört und ihnen das Christentum aufgezwungen. Das können nur Leute behaupten, die kein Wissen über die religiösen Vorstellungen der Völker haben. Sie wollen nicht sehen, dass viele Menschen sich von der eigenen überlieferten und erstarrten religiösen Tradition schon längst trennen wollten. In der Vermittlung des christlichen Glaubens fanden sie einen neuen Zugang zur religiösen Wirklichkeit.

Jede Religion hat ein grundsätzliches Problem mit dem Wissen. Auch die kollektive religiöse Gemeinschaft hat kein endgültiges Wissen über GOTT und die Welt. Zudem kommen die Menschen mit der Bosheit und dem Unrecht auf dieser Welt nicht zurecht. Die Menschheit hat kein grundsätzliches Wissen, wie ein gemachtes Unrecht wieder gutgemacht werden kann. Die bösen Taten können nicht rückgängig gemacht werden und das Unrecht bleibt bestehen. Alle Menschen werden je nach Umständen schuldig und das belastet die menschlichen Beziehungen ständig. Das Wissen kann die menschliche Bosheit nicht verhindern, denn das wohlwollende oder das böse Wollen lenkt das Denken und das konkrete Handeln der Menschen.

Wird der Glaube an eine göttliche Gerechtigkeit schwächer, so drängen die dunklen menschlichen Schuldgefühle die Opfer und die Täter in Formen der Vergeltung, d. h. zur Rache oder sogar zur Selbstbestrafung und zu Opferkulten. Das gilt auch für alle religiösen Menschen. Doch die erhöhten Opfergaben an eine ferne Gottheit, ja sogar reale Menschopfer bringen keine Erlösung, weil die Menschen keine sofortige Hilfe erfahren. Diese Last bringt immer wieder überlieferte religiöse Bilder und Vorstellungen zum Einsturz. Die Religion wird nur wahr, wenn die Menschen die göttliche Hilfe konkret erfahren. Ohne diese Wahrnehmung stirbt jeder Glaube an GOTT.

Gegen die Auflösung der religiösen Wahrheiten ist auch das Christentum nicht gefeit. Christen sind auch Sünder und gegenwärtig wird der sexuelle Missbrauch in der Kirche angeprangert. Ebenso wird die dogmatische Lehre als unvernünftig beurteilt. Das führt scheinbar zur Auflösung der christlichen Tradition und zum Untergang der Kirche. Doch dieser logische Schluss ist voreilig. Die Lehre Christi kann nicht mit kollektiven Urteilen verurteilt werden, denn sie ist im persönlichen und subjektiven Gewissen verankert.

Christus verkündete nicht die Gerechtigkeit GOTTES, sondern die Liebe GOTTES, jene Wirklichkeit, die jeder, der Christus nachfolgt, real erfahren kann. Der christliche Glaube beruht daher auf der persönlichen Erfahrung der Liebe GOTTES. Diese wahre existenzielle Lebenskraft schenkt die göttliche Liebe der offenen und religiösen Person.

Nichts soll dich verwirren, nichts soll dich beirren, alles vergeht.
GOTT wird sich stets gleichen, Geduld kann erreichen was nicht vergeht.
Wer kann GOTT erwählen, nichts wird solchem fehlen: GOTT nur besteht.
(Teresa von Avila) .

Wenn die Menschen den religiösen Glauben aufgeben, so klammern sie sich an irgendein ideologisches Wissen, das sie dann für absolut sicher halten. Unzählige Ideologien beherrschen heute das Denken der Menschen.

Auf das christliche Zeitalter folgt jetzt das Zeitalter der gewaltbereiten Ideologien.

Die gewaltbereite ideologische Gerechtigkeit

Die moderne a-religiöse Gesellschaft stützt ihr Weltverständnis auf die Idee der Gerechtigkeit. Das überlieferte religiöse Bild vom Weltgericht wird neu interpretiert. Überall tauchen deshalb heute Ankläger und Gerechtigkeitsjäger auf, die als Wissende die Unwissenden verurteilen. Sie fordern die sofortige Bestrafung der Übeltäter und sie kennen keine Gnade. Das Ergebnis dieser neuen säkularen Weltanschauung ist verheerend. Jeder, der nicht wie der Kläger denkt, wird verklagt und abgestraft. Alle Menschen müssen „gleichgeschaltet" werden. Das alles geschieht im Namen einer korrekten und „wissenschaftlichen" Erkenntnis, bzw. einer ideologischen Gerechtigkeit. Jede moderne Ideologie beruft sich immer auf ein sicheres Wissen und auf das Recht zur Gewaltanwendung.

Freiheit, Gleichheit und Brüderlichkeit hiessen die grossen Schlagworte der Aufklärung. Dann kam die Revolution, der König wurde geköpft, der Adel verfolgt und die Revolution erschuf den Terror. Die Brüderlichkeit wurde durch Sicherheit ersetzt. Damit konnte jeder verdächtigt, angeklagt und hingerichtet werden. ideale Ideen zerfallen rasch, und sie sind nicht einfach gut.

Als Freiheit und Gleichheit pries Marx seine Idee einer kommunistischen Gesellschaft an, die jetzt endgültig und siegreich aus dem unabwendbaren Klassenkampf hervorgehen und das Paradies auf Erden verwirklichen werde. Die kommunistische Gerechtigkeit ist nicht gerecht; sie ist nur ein Ausdruck der grösseren und gewalttätigen kommunistischen Ideologie. Alle gottlosen Weltanschauungen beschwören die Freiheit, die Gleichheit und wollen das Paradies auf Erden mit Gewalt erzwingen. Niemand kann heute noch behaupten, dass eine gottlose Menschheit je ein Paradies erschaffen kann. Das Denken in abstrakten ideologischen Theorien tötet die Freiheit der Menschen.

Das ideologische Denken verdrängt zudem das persönliche Gewissen. Ein Henker der Taliban wurde später befragt, ob er denn Angst vor seinem Tun gehabt hätte. Nein, sagte er, er hätte nur Angst gehabt, dass er sich blamieren würde, wenn er den Kopf des Ungläubigen nicht perfekt vom Körper trennen könne. Wer ein ideologisches Wissen hat, der hat sein Gewissen vollkommen verdrängt. Er kennt nach seiner Tat keine Gewissensbisse und er hat kein Trauma. Er fühlt sich wohl, wie eine Katze, die eine Maus gefressen hat.

Eine geistige Person, die ihr Gewissen abtötet, entmenschlicht sich vollkommen. Sie fühlt sich frei und sie unterdrückt mit der Macht ihres Selbstbewusstseins alle andern Menschen. Die Person verdreht Ihre ideologische Ansicht in ein persönliches Besserwissen, und als erleuchtete „Wissende" macht sich selbst zu einer Gottheit, die alles bestimmen kann.

Ideologische Macht und nackte Gewalt schaffen keine Gerechtigkeit.

Die gottlose Deutung der Welt

Die eingangs gestellte Frage, ob eine Welt ohne GOTT glaubwürdig sei, lässt sich mit einem klaren Nein beantworten. Natürlich lässt sich GOTT als Schöpfer und gegenwärtigen Erhalter der Welt leugnen. Doch wenn man den Glauben an GOTT verneint, so bleiben für das Wunder der Schöpfung nur noch nichtssagende Theorien und Behauptungen für eine angeblich logische Erklärung der Welt übrig.

Die Theorie vom Urknall erklärt nicht seine Herkunft. Warum ist der Urknall entstanden? Ist die Materie ewig oder zeitlich begrenzt? Dazu gibt es nur Spekulationen aber kein Wissen. Was weiss der Mensch überhaupt? Da wird das Hirn zerlegt und man will beweisen, wo das Denken lokalisiert werden kann. Dabei wird die Grundfrage, weggelassen: Wie konnte aus der Verschmelzung von Samen und Eizelle ein Hirn entstehen, das geistig denken kann. Noch immer ist die eigene Existenz ein unlösbares Geheimnis.

Über die zentralen Fragen der menschlichen Existenz hat die bewunderte Wissenschaft überhaupt keine vernünftige logische Erklärung. Hätte die Wissenschaft sichere und umfassende Kenntnis über die komplexen Abläufe der Natur und wüsste alles über die Eigenart der menschlichen Wesen, so könnte auf die Existenz GOTTES verzichtet werden. Dann nämlich wäre bereits der Mensch allwissend und gottähnlich. Von diesem universalen Wissen sind die Menschen allerdings Lichtjahre entfernt. Sie können die Materie auf vielfache Weise verändern, doch Materie aus dem Nichts hervorbringen, das können sie absolut nicht.

Der rasante technische und wissenschaftliche Erfolg hat die menschliche Selbsteinschätzung radikal überhöht. Alle Wünsche, die Menschen haben, können erfüllt werden, meint man heute. Man fühlt sich der Natur gegenüber als Herrscher, man ist überzeugt, man werde die Welt total neu gestalten, glaubt alle Krankheiten besiegen zu können, und man erwartet schon die eigene Unsterblichkeit. Diese moderne überhöhte menschliche Selbsteinschätzung ist allerdings nur ein grosser Selbstbetrug. Die Grundbedingungen der menschlichen Existenz können nicht aufgehoben werden. Jeder Mensch bleibt ein kleines schwaches und sterbliches Wesen.

Weiterhin werden Krankheiten und Tod die Menschen regieren, Trauer und Depressionen herrschen, Angst und Schrecken sich verbreiten, Mörder und Tyrannen wüten, Konflikte und Kriege bringen wie bisher Menschen um, und die Schurken werden gewissenlos immer wieder ihre bösen Werke verüben. Eine gottlose Welt wird nie den Frieden auf dieser Welt finden. Die Annahme, dass der Mensch das höchste Wesen der Welt sei, ist daher völlig absurd.

Die strammen Kommunisten in der Sowjet-Union haben als Wissenschaftler nichts von GOTT verstanden. Mit seinem bekannten Spruch aus dem Sputnik prahlte Gagarin damit, dass er auch hier im All keinen Gott gefunden hätte. Er hat offensichtlich seinen Gott als ein bärtiges Objekt am Horizont der Erde sich vorgestellt. In seinem engen ideologischen Weltbild konnte er lediglich materielle Objekte sehen. Im menschlichen Geist sah er auch nur komplexe neurologische Hirnausschläge, und er konnte nicht verstehen, dass der Geist des Menschen keiner materiellen Dimension angehört.

Der Glaube an GOTT wird nicht mit dem Wissen bewiesen. GOTT ist kein Objekt der materiellen Welt, das mit Hilfe der logischen Abtrennung entdeckt und analysiert werden kann. Vielmehr gehört GOTT der geistigen Dimension der Realität an. Das exakte Wissen ist gleichsam nur ein Mikroskop, d. h. ein materielles Instrument mit dem der Mensch die materielle und sichtbare Seite der Wirklichkeit klar und exakt erfassen kann. Doch die Energie, die in der Materie verborgen ist, sieht kein Mikroskop. Die Kraft, bzw. die Energie in einem materiellen Objekt gehört einer anderen Dimension an. Energie kann nur geistig als eine im Objekt innewohnende reale Kraft erfasst werden.

Der Begriff GOTT verweist auf eine geistige Energie, die dem objektiven materiellen Geschehen auf diese Welt innewohnt. Was also Kraft, Energie, Stärke, Gravitation jeweils wirklich ist, kann der Mensch real erfahren ohne, dass er genau weiss, was es ist. Wird GOTT mit der schöpferischen Lebenskraft identifiziert, so kann der Mensch mit seiner Erfahrung des Gewissens diese Realität geistig wahrnehmen. So gesehen ist GOTT die geistige Kraft, die das All mit all seinen materiellen Erscheinungen zusammen hält. Heute haben die modernen Menschen leider die spirituelle Wahrnehmung der unsichtbaren Wirklichkeit und damit auch GOTT verloren.

Der religiöse Mensch bleibt geistig GOTT gegenüber offen, erwirbt sich ein richtiges und konkretes Wissen und beurteilt sein Denken und Handeln immer mit seinem Gewissen. Er weiss, dass er glauben muss, wenn er sein Leben gestalten will, und er vertraut auf eine mögliche göttliche Hilfe aus der noch geheimnisvoll verborgenen realen Wirklichkeit. Er lässt sich als gläubiger Christ von der Liebe GOTTES berühren.

Im Glauben, in der Hoffnung und in der Liebe kann das Gewissen des Menschen die geistige Dimension der Wirklichkeit real annehmen ohne genau zu wissen, wie dies möglich ist. Auf dieser spirituellen Grundlage sind religiöse Einsichten, bzw. Erfahrungen möglich. Nur auf diese Weise kann ein Mensch subjektiv die Wirklichkeit GOTTES gläubig wahrnehmen.

Das ist der Weg zu GOTT, den Christus seinen Jüngern vorstellte. Allein im Glauben, in der Hoffnung und in der Liebe kann die geistige Person GOTT erfahren, IHN anbeten und IHN lieben.

Vor diesem Hintergrund ist die Botschaft Christi eine wahre Frohbotschaft. Sie richtig zu leben, ist allerdings auch für Christen nicht einfach.

Der echte Glaube an GOTT befreit den Menschen von seiner kleinlichen Ichbezogenheit und schenkt der Person eine grosse geistige Offenheit. Er darf an das geheimnisvolle Wunder seines Daseins glauben und er kann die umfassende Liebe GOTTES existenziell erfahren. Die göttliche Liebe trägt und erträgt jeden Menschen im Leben und auch nach seinem Tod.

Dagegen ist der gottlose Weg für die Menschen kein Gewinn, sondern ein Verlust. Wenn die hoffnungsvolle gläubige Wahrnehmung der göttlichen Liebe im täglichen Leben fehlt, so wird der Alltag zu einem realen Albtraum. Der rationale Blick auf das menschliche Verhalten ist deprimierend. Das Böse ist in dieser Welt allgegenwärtig und der Verstand mit all seinem Wissen kann die Bosheit nicht auslöschen. Alle Ideologien behaupten, sie würden die Welt verbessern, doch in der Realität sind ihre Versprechungen nichts als Lügen. Die Gottlosen sind unfähig den Frieden unter den Menschen zu verwirklichen.

Die ständig wiederholte Behauptung, dass die Menschen von Natur aus gut seien, ist ein reines Wunschdenken, das sich in der Realität als ein richtiger Unsinn erweist. Das erfolgreiche Anwachsen des menschlichen Wissens hat das menschliche Verhalten nicht verbessert. Mit dem vergrösserten Wissen ist leider zugleich die Macht der Kriminellen stärker geworden. Das vermehrte Wissen hat die Lebensperspektive grundsätzlich nur materiell verbessert.

In einer Welt ohne den Glauben an den allgütigen GOTT verdüstert sich auch der Blick auf die Wirklichkeit. Das Leben wird darwinistisch erfahren: Der Stärkere frisst den Schwächeren. Zudem wird der ganze Lebenskampf sinnlos. Alles Leben stirbt und sogar die Erde wird vernichtet. Das reine menschliche Wissen lenkt das Bewusstsein auf eine Zukunft, die im absoluten finsteren Nichts verschwindet. Der Tod erscheint in diesem Weltbild als der einzige und allmächtige Gott, der alles beherrscht und zuletzt zerstört. Niemand, der bei vollem Bewusstsein ist, will in einer solchen finsteren Welt noch weiter leben.

Alles verschwindet und Nichts bleibt!

Das ist die gottlose Deutung der menschlichen Existenz. Es lebe der Tod.

Das christliche Weltbild bietet dagegen eine gute und sinnvolle Lebensperspektive an. GOTT ist die ewige Liebe und der Tod ist nicht die Vollendung des menschlichen Lebens. Es lohnt sich dem Glauben der Christen an die Auferstehung Christi zu vertrauen. Leider entfernt sich heute die Gesellschaft von der grossen christlichen Überlieferung. Gegenwärtig hat zudem die Amtskirche ihre ursprüngliche spirituelle Lebenskraft verloren. Daher müssen jetzt die Gläubigen die Kirche wieder erneuern.

Gedanken zur spirituellen Erneuerung der Kirche

Für die Christen ist nicht die abstrakte Idee der Gerechtigkeit oder das logische Wissen über eine objektive materielle Welt die Grundlage für die Beurteilung des eigenen Denken und Handeln zuständig, sondern das eigene Gewissen. Das Gewissen wiederum sucht nach einem begründeten Glauben, vertraut vernünftigen Hoffnungen und will mit der Kraft der Liebe das Leben gestalten. Dieser religiöse Glaube eines Menschen ist der Ausdruck einer Person, die mit ihrem Gewissen die wunderbare Wirklichkeit als Schöpfung der Liebe GOTTES wahrnimmt. Wird GOTT nicht mit der Gerechtigkeit, sondern mit der Liebe identifiziert so verändert sich das Menschenbild. Für die Realisierung einer menschenfreundlichen Lebensgemeinschaft bietet das Christentum eine gute und verlässliche Basis. Die Menschen müssen nicht eine abstrakte Gerechtigkeit verwirklichen; sie müssen vielmehr die Nächstenliebe leben.

***„Darum sage ich euch: Wenn eure Gerechtigkeit nicht weit grösser ist als jene der Schriftgelehrten und der Pharisäer, werdet ihr nicht in das Himmelreich kommen“* (Mt 5,20).**

***„Ihr habt gehört, dass gesagt worden ist: Du sollst deinen Nächsten lieben und deinen Feind hassen. Ich aber sage euch: Liebet eure Feinde und betet für die, die euch* verfolgen*, damit ihr Söhne eures Vaters im Himmel werdet“*
(Mt 5,43-45a).**

***„Denn wenn ihr den Menschen ihre Verfehlungen vergebt, dann wird euer himmlischer Vater auch euch vergeben“*(Mt 6,14).**

Der religiöse Glaube beruht auf der Annahme einer anwesenden aber in der sichtbaren Welt verborgenen göttlichen Gegenwart. Es ist daher die erste Pflicht eines Christen sich dieser göttlichen Wirklichkeit anzunähern. Das bedeutet, dass der Christ sich bemüht die Liebe GOTTES in der Schöpfung wahrzunehmen und das Wohlwollen in den Mitmenschen zu sehen. Dann heisst „beten“ die vielen wunderbaren Taten GOTTES in Dankbarkeit zu bedenken und gleichzeitig an die mitmenschlichen Gaben der Liebe sich zu erinnern. Wer täglich die grosse Liebe GOTTES bedenkt und das Gute der Mitmenschen beachtet, wird innerlich froh und gelassen, und er kann persönlich auch Güte und Mitmenschlichkeit ausstrahlen. Wer GOTT sucht, der findet seinen inneren Frieden, in der Gewissheit von GOTT geliebt zu sein.

Beten ist vor allem GOTT danken und nicht nur betteln.

In der gegenwärtigen Kirche ist diese aktive Wahrnehmung der Liebe GOTTES verkümmert. Die Gläubigen tun vielmehr so, als hätten sie diese Liebe bereits

in sich, doch die wahre Liebe ist in der kirchlichen Gemeinschaft nur noch eine Rede über die Liebe und nicht mehr der Ausdruck einer existenziellen wohlwollenden Lebensweise der Gläubigen. Mit lauten frommen Reden über die Liebe die Mitmenschen zu belehren, ist vielen Gläubigen wichtiger als persönlich das Geschenk der göttlichen Liebe zu verwirklichen. Der wahre christliche Glaube beginnt mit dem eigenen Verstummen vor der wunderbaren Wirklichkeit GOTTES und mit dem Hören auf den Heiligen Geist. Das macht das Bewusstsein des Menschen demütig und bescheiden, und befähigt den Gläubigen zur aktiven Mitarbeit am Reiche GOTTES.

Der existenzielle Glaube eines Christen stützt sich grundsätzlich auf das persönliche Meditieren und Verkosten der Botschaft Christi. Erst wenn der Gläubige sich Christus vergegenwärtigt, kann er dessen Botschaft verstehen, und durch die Worte Christi sich ändern. Das Christsein ist somit ein sehr persönlicher und individueller Gewissensentscheid. Der Christ vertraut persönlich Christus und glaubt nicht an eine abstrakte Lehre, oder eine kollektive Ideologie. Daher hat jeder Gläubige ein ganz eigenständiges Glaubensverständnis und er übernimmt nicht blind ein theologisches Konzept.

Die wahre Nachfolge Christi stützt sich auf die Wahrnehmung einer persönlichen Berufung durch Christus. Diese erlebte individuelle Erfahrung der religiösen Berufung einer Person schafft in einer autoritären kirchlichen Gesellschaft unlösbare Probleme, weil eine hierarchische Kirchenstruktur nur eine einzige offizielle Sicht auf den Glauben toleriert. Der Heilige Vater, nicht mehr der Heilige Geist wird in diesem Denkmodell als oberste Autorität in der Kirche verehrt. Daher hatten viele Heilige auch grosse Schwierigkeiten mit der Kirchenleitung, die sich auf den Grundsatz stützt: Roma locuta, causa finita! (Rom hat gesprochen, der Fall ist entschieden.) Doch dieses vereinfachte Denken entspricht nicht der Leitung des Reiches GOTTES durch den Heiligen Geist. Probleme mit der Interpretation des Glaubens gibt es immer, aber Ihre Lösung schenkt nicht der Klerus, sondern der Heilige Geist.

Die Glaubensprobleme waren bereits in den ersten christlichen Gemeinden da, als sehr grosse Gegensätze hinsichtlich der Deutung der Botschaft Christi auftauchten. Die Apostelgeschichte berichtet ausführlich über diese Streitigkeiten. Paulus hat dem Petrus ins Angesicht widerstanden, weil Petrus das jüdische Gesetz für alle Christen verbindlich erklären wollte. Der Streit konnte beigelegt werden, weil beide Parteien einander in Wohlwollen entgegenkamen und den Rat des Heiligen Geistes annahmen, dem beide Seiten vertrauten. So entstand die christliche Gemeinschaft.

Dieses entscheidende Problem der endgültigen Trennung von der jüdischen Tradition wurde in der herzlichen Gemeinschaft, im gemeinsamen Gebet und ihm Warten auf die Offenbarungen des Heiligen Geistes gelöst. Daher ist es auch noch heute in der Kirche notwendig, offen und klar über die verschiedenen Ansichten zu reden, Streitgespräche zuzulassen, und im Vertrauen auf den Heiligen Geist nach den passenden Lösungen zu suchen. In einer lebendigen Gemeinschaft lösen autoritäre Gebote und willkürliche Verbote allein keine Konflikte.

Allein im Vertrauen auf den Heiligen Geist und im gegenseitigen Wohlwollen zwischen allen Gläubigen wird die Beilegung von einem offenen Konflikt in der Kirche und in der Ökumene möglich. Leider sind das Misstrauen und die Ichbezogenheit unter Christen noch immer allgegenwärtig. So betet man gemeinsam vor GOTT um die ökumenische Verständigung und redet gleichzeitig immer aneinander vorbei. Die mitmenschliche Liebe bleibt kalt und das eigene Rechthaben bestätigt die Trennung. Diese Einstellung aber widerspricht der Botschaft Christi. Wer liebt, ist fähig eigene schmerzliche Entscheide zu Gunsten der Gemeinschaft zu fällen. Das gilt auch für Christen.

Die Kirchen müssen die verschiedenen christlichen Lebensformen immer wieder gegenseitig prüfen respektieren und sich reformieren lassen. Eine lebendige christliche Gemeinschaft, die sich wahrhaft um die Nachfolge Christi bemüht, nicht als „Kirche" zu bezeichnen, verrät ein überhebliches Denken der katholischen Kirchenleitung, und diese Einstellung widerspricht der Botschaft Christi. Die gelebte Ökumene muss jetzt in dieser schwierigen Zeit realisiert werden. Die spirituelle Einheit der Christen ist ein kostbares Gut, das die Glaubwürdigkeit der Botschaft Christi als wahr bestätigt.

„Alle sollen eins sein: *Wie du, Vater, in mir bist und ich in dir bin, sollen auch sie in uns eins sein, damit die Welt glaubt, dass du mich gesandt hast"* (Joh 17.21).

Vor seinem Leiden und Sterben hat Christus mit seinen Jüngern das Abendmahl gefeiert. Das gemeinsame Mahl ist der sichtbare Ausdruck einer echten und tiefen Gemeinschaft. In der gemeinsamen Abendmahlsfeier essen die Gläubigen gemeinsam Brot und sie glauben an die verheissene reale Gegenwart Christi. Daher ermahnt Christus die Jünger ausdrücklich:

„Das ist mein Leib, der für euch hingegeben wird. Tut dies zu meinem Gedächtnis! Ebenso nahm er nach dem Mahl den Kelch und sagte: Dieser Kelch ist der Neue Bund in meinem Blut, das für euch vergossen wird" (Lk 22, 19.20).

Christus hat versprochen immer unter seinen Jüngern gegenwärtig zu sein und er bat die Jünger ausdrücklich das Abendmahl in seinem Gedächtnis zu feiern. Das Abendmahl ist daher für Christen von zentraler Bedeutung, und diese Feier muss deshalb immer und überall möglich sein. Im Zentrum der Messe steht folglich ausschliesslich Christus. Auf die verheissene Gegenwart Christi sollten alle Gläubigen sich ausrichten. Diesen grundsätzlichen Glauben an die reale Gegenwart Christi haben heute viele Kirchgänger vergessen.

Die katholische Kirche hat aus der Messfeier eine starre Zeremonie gemacht. Dabei wird genau festgelegt, wer was wann und wie sagen, bzw. nicht sagen darf. Nichts darf verändert werden und nur ein geweihter zölibatärer Mann darf die Worte aussprechen: *Das ist mein Leib und das ist mein Blut, das Blut des Bundes, das für viele vergossen wird* (Mk 16,24). Diese engen Vorschriften hat Christus für die Feier zu seinem Gedächtnis nicht verlangt.

Infolge der Unfähigkeit der Hierarchie die Anliegen der Gläubigen zu sehen und mit ihnen zu sprechen hat der Klerus in Glaubensfragen seine Führung verloren. Das Vertrauen auf die Worte der Kirchenleitung ist weg.

Das Zusammenleben der Menschen ist immer voller Schwierigkeiten und Sorgen. Die Kirche hält z. B. zu Recht die Ehe für eine schützenswerte Institution. Eine Frau und ein Mann verlieben sich und wollen gemeinsam Kinder bekommen. Die Kinder sind göttliche Geschenke und nicht rechtlicher Besitz der Eltern. Die Familie ist daher eine wunderbare und schützenswerte Gemeinschaft, die niemand mutwillig zerstören darf. Die Eheleute verpflichten sich zur gegenseitigen Treue und zur Bereitschaft nach bestem Wissen und Gewissen für die Kinder zu sorgen. Die Ehe ist zugleich eine reale und eine ideale Gemeinschaft. Dieses Ideal zu verwirklichen kann allerdings keine kirchliche Vorschrift erzwingen.

Das Leben der Menschen ist kompliziert und nicht alle Menschen haben die gleichen Voraussetzungen. Was soll geschehen, wenn von der Natur her der Mensch vom gleichen Geschlecht sich existenziell angezogen fühlt? Da kann doch die Kirche nicht eine Änderung der Natur verlangen.

Christus war in Fragen der Sexualität offen. Er hat die Ehebrecherin vor der Steinigung bewahrt und er hat lange mit Sünderin am Brunnen gesprochen und sich von der verrufenen Maria Magdalene die Füsse salben lassen. Über die Ehelosigkeit hat er gesagt: *Wer es fassen kann, der fasse es*. Christus war also in diesen Fragen weder kleinlich noch grosszügig; er war einfach ehrlich.

Wohlwollen und Ehrlichkeit sollten auch das sexuelle Verhalten der Christen leiten. Der Mensch soll als Ganzheit beachtet werden zu der die Sexualität gehört. Doch im kirchlichen Verständnis wurde die Sexualität von der Person abgesondert und zu einem objektiven und sündigen Gegenstand erhoben. Sexualität wurde auf die Zeugung fixiert und nur noch in dieser Funktion als eine Notwendigkeit geduldet. Mit einem puritanischen Eifer wurde der Sex unterdrückt. Dem Priester wurde die Heirat verboten, obwohl im Titusbrief von verheirateten Priestern die Rede ist. *Ein Ältester soll unbescholten und nur einmal verheiratet sein* (Tit 1,6).

Das kirchliche Denken darf sich nicht abstrakten Theorien zuwenden, sondern es muss sich von der ehrlichen Wahrnehmung der Wirklichkeit leiten lassen.

Christliches Denken und politisches Handeln

Die Christen leben in verschiedenen politischen Reichen, aber sie arbeiten grundsätzlich immer gemeinsam für die Verwirklichung des Reiches GOTTES. Die zwei „Reiche“ sind völlig verschieden und ihre Ziele decken sich nicht. Es ist die Aufgabe der Kirche, dass alle Gläubigen eine feste und stabile Beziehung zum Auferstandenen Christus finden, damit sie sich sicher in ihrem Alltag auch politisch richtig orientieren können. Die Gesellschaft ist voll von Gegensätzen und widersprechenden Ansichten, ideologischen Konzepten und egoistischen Parteizielen. Die politische Macht wird zudem häufig missbraucht und der rücksichtslose Umgang mit Gegnern ist allgegenwärtig. Diesen realen politischen Missständen sind auch alle Christen ausgesetzt, doch sie dürfen nicht Gleiches mit Gleichem vergelten.

Der Christ muss sich nach dem Reich GOTTES ausrichten, aber er lebt in einer realen politischen Welt, der er nicht entfach entfliehen kann. Das hat Christus sehr klar gesehen und er hat deshalb auch keine politischen Verhaltensweisen verkündet. Der Jünger Christi muss deshalb mit seinem Gewissen immer wieder persönlich entscheiden, was er konkret in der zerstrittenen politischen Gesellschaft machen kann, und was er notfalls tun muss.

Die extremen politischen und gesellschaftlichen Verwerfungen können auch die Christen nicht lösen. Es gibt keinen christlichen Pazifismus, denn die Nächstenliebe ist nicht naiv und dumm. Christus hat das Unrecht und die Bosheit klar verurteilt, aber nie verlangt, Gleiches mit Gleichem zu vergelten. Er hat auch politisch sich nicht ausnützen lassen. Vielmehr hat er eine bedingungslose Nächstenliebe von den Menschen gefordert, und er hat selber unschuldig Unrecht erlitten und das über ihn verhängte Todesurteil ohne den Gedanken an Rache angenommen. Er war also nicht nur ein Prediger der Liebe; er war vielmehr ein von der Liebe erfüllter Mensch, der mit einem klaren Blick und ohne Hass auf die Bosheit der Menschen und deren Verhalten sah.

Diese Haltung Christi stellt die Christen immer wieder vor unlösbare Probleme. Was heisst es, Christ zu sein in einer Welt, die von Lieblosigkeit, Unrecht, Ausnützung, Rachsucht, Gewalt und Hass sich selbst zerstört. Da fordert das Evangelium Christi:

***„Liebe deine Feinde, tut denen Gutes, die euch hassen. Segnet die, die euch verfluchen, betet für die, die euch misshandeln“* Lk 6,27.28).**

Muss ich jetzt den Bösewicht lieben, ihn schalten und walten lassen, oder soll ich gar aktiven Widerstand leisten und welche Mittel darf ich einsetzen? Was verlangt die Liebe zu den Mitmenschen konkret von mir? Das ist und bleibt eine zentrale Frage, die der Christ mit seinem Gewissen ganz persönlich abklären muss, denn auf diese Weise hat auch Christus gehandelt.

Christus hat dafür gesorgt, dass seine Jünger im Prozess gegen ihn nicht angeklagt wurden. So stand er allein als Angeklagter im Prozess vor Pilatus und dem Hohen Rat und er wurde allein hingerichtet. Seine Jünger standen ihm nicht bei. Er hat das Gebot der Feindesliebe im Vertrauern auf GOTT vollkommen erfüllt, und zugleich dafür gesorgt, dass seine Jünger nicht zu Schaden kamen. Nach der Auferstehung hat er die Jünger, die ihn im Stich gelassen haben, nicht getadelt, verflucht oder gar bestraft. Christus hat seine Menschenliebe stets bewahrt.

Doch was muss der Christ machen, wenn er für seine Schutzbefohlenen sorgen muss. Dafür hat Christus kein Gebot aufgestellt. Christus erwartet vielmehr, dass der Gläubige nach bestem Wissen und Gewissen eine gute und verantwortbare Lösung für sich selbst und die Mitmenschen findet. Seine grundlegende Forderung bleibt bestehen:

GOTT und den Nächsten wie sich selbst zu lieben!

Das bedeutet, dass der Christ in allen Schwierigkeiten und Streitigkeiten nie die Liebe aufgeben darf, und dass er den aufsteigenden Hass in seinem Herzen unterdrücken muss. Das ist leicht gesagt, aber in konkreten Situationen eine Belastung, die eine Person allein nicht tragen kann. Die Liebe zu bewahren ist nur mit göttlicher Hilfe möglich. Daher hat Christus allen Jüngern seine helfende Gegenwart bis an das Ende der Tage versprochen.

***„Denn wo zwei oder drei in meinem Namen versammelt sind, da bin ich mitten unter ihnen“* (Mt 18,20).**

***„Seid gewiss: Ich bin bei euch alle Tage bis zum Ende der Welt“* (Mt 28,20).**

Immer wieder an die reale Gegenwart Christi zu denken ist ein Wesensmerkmal für jeden Christen. Nur im gläubigen Vertrauen auf Christus findet der Gläubige in seinem Leben die richtigen Antworten auf die Herausforderungen der Zeit.

Im christlichen Selbstverständnis sucht jede geistige Person ein erfülltes Leben in der Verwirklichung der GOTTES- und der Nächstenliebe. Der Christ will mit GOTT das Reich GOTTES verwirklichen. Er findet die Erfüllung seines Daseins in der Freude und im Glück, dass er den Mitmenschen schenken kann. Leben heisst: GOTT und die Menschen lieben und allen Geschöpfen gegenüber wohlgesinnt zu sein.

Die grössten Freuden für jeden Menschen sind jene guten Taten, mit denen er andere Menschen glücklich gemacht hat.

Anregungen zur persönlichen Lebensweise als Christ in einer Welt ohne Religion

Das persönliche Gewissen ist Glaubensgrundlage des Christen. Der Gläubige prüft mit seinem Verstand alle Aussagen über GOTT und die Welt, die er von den Mitmenschen erfahren kann. Er weiss auch, dass er über religiöse Fragen kein sicheres und eindeutiges Wissen finden wird. Daher sucht er nach der besten plausiblen Deutung, die sein persönliches Dasein vernünftig und glaubwürdig erklären kann. Diese Deutung findet er mit Christus.

In dieser Hinsicht ist das Christentum einzigartig. Der christliche Glaube stützt sich nicht auf eine überlieferte Tradition, eine Stammesgeschichte oder ein Buch ab. Der Christ folgt freiwillig der Botschaft Christi und der Lebensweise dieses Menschen, in dem er die reale Offenbarung GOTTES erkennen kann. In der Person Christi ist für den Gläubigen die Gegenwart GOTTES unter den Menschen sichtbar und glaubwürdig geworden. Das bedeutet:

GOTT ist die Liebe, die alles Leben auf dieser Welt erschafft und erhält.

Die Annahme dieser Botschaft wird von keinem Zwang begleitet. Der Mensch kann also jederzeit diesen Glauben wieder ablehnen, ohne dass er eine Strafe erleiden muss. Grösser als das menschliche Versagen ist die göttliche Liebe. Die alte Behauptung, dass wer vom Glauben abfalle, werde in die Hölle abstürzen, ist übertrieben, denn das Weltgericht am Ende der Zeit offenbart den persönlichen Willen eines jeden Menschen. Es ist der freie Wille des Menschen, sich der göttlichen Liebe zu verweigern und nur sich selbst zu lieben. Doch die Selbstliebe macht niemand glücklich und so erfährt der in sich selbst verliebte Mensch wirklich eine höllische Leere am Ende seines Daseins.

Er wird am Ende seine gelebte Einsamkeit existenziell und endgültig erfahren.

Es ist ein Märchen, wenn immer wieder behauptet wird, das Christentum habe eine Höllenangst verbreitet und die Gläubigen eingeschüchtert. Wer in der Liebe GOTTES lebt, verkündet das Gegenteil. Jeder der die göttliche Liebe frei annimmt, macht sich glücklich. Wer allerdings diese Liebe nicht annehmen will, der endet in der vollkommenen Vereinsamung. Der einzelne Mensch muss über sein eigenes Dasein eine glaubwürdige Deutung finden, auf der er sein Leben existenziell aufbauen will. Das entspricht der menschlichen Natur. Es entscheidet also nicht die Kirche, sondern jede einzelne Person, wem die freie geistige Person glauben und vertrauen will. Hoffnungsvoll glauben, das Gute bedenken und GOTT danken, gehören nach christlicher Sicht zusammen.

Von der Dankbarkeit zum bewussten Gewissen

Die erste bewusste Erfahrung des Menschen ist die staunende Wahrnehmung der Wirklichkeit. Nie ist das erste Wort eines Kindes das Wort „Ich". Jedes Kind nimmt in einer wohlwollenden Umgebung sich staunend wahr und dankt spontan der Umwelt mit einem Lächeln. Das ist der Anfang der eigenen und persönlichen Selbstwahrnehmung. Anschliessend nimmt das Kind voll Begeisterung täglich immer mehr von der Welt in sein erwachtes Bewusstsein auf.

Mit dem wachsenden Wissen bildet sich auch das Gewissen und das Kind nimmt die Trennung zwischen dem eigenen subjektiven Bewusstsein und der objektiven Umwelt wahr. Das Kind bemerkt mit seinem Abstraktionsvermögen den Unterschied zwischen dem eigenen Ich und der fremden Welt. Der Körper fühlt sich als Besitz an, d.h. als ein Objekt, das mir persönlich gehört. Dieser Körper funktioniert zunächst völlig unabhängig vom eigenen Bewusstsein und dennoch hat das „Ich" jetzt die Möglichkeit bekommen, diesen Körper zu benutzen und ihn im beschränkten Masse auch auszunützen. Das alles erfährt das Kind staunend und dankbar.

Das Kind wächst und erweitert sein Wissen. Mit dem grösser werdenden Wissen nimmt die Dankbarkeit ab, denn das neue Wissen verändert die Wahrnehmung der Wirklichkeit. Das richtige Wissen ermöglicht die Herrschaft über menschliche Beziehungen und fremde Gegenstände, und dieses Wissen verändert die eigene Selbstwahrnehmung, denn das „Ich" kann jetzt Dinge zum eigenen Vorteil benutzen, und unwillkürlich fällt der Dank auf das Ich zurück.

Ich schaffe das allein.

Offensichtlich darf das Kind allerdings nicht einfach machen, was es kann, denn die Umwelt erlaubt nicht jedes gewünschte persönliche Handeln. Da wird das Gewissen aktiv. Wer entscheidet jetzt in Wahrheit über mein Denken und Handeln? Das Gewissen befähigt die kindliche Persönlichkeit das Wissen der Umwelt und das eigene Wissen kritisch zu prüfen und in jedem konkreten Fall nach der begründeten Wahrheit zu suchen. Ab diesem Zeitpunkt muss der junge Mensch die Verantwortung für sein Denken und Handeln persönlich übernehmen. Er wird erwachsen.

Das eigene Gewissen erinnert die geistige Person immer wieder an die Dankbarkeit, die sie den sichtbaren Mitmenschen und der unsichtbaren Kraft des Lebens, also GOTT schuldet. Der Christ prüft deshalb mit seinem Gewissen die Wirklichkeit und er ist sich bewusst, dass alles Denken mit der Dankbarkeit verbunden sein muss. Der Glaube an das Gute gründet auf der erlebten Dankbarkeit.

Die Gewissensbildung

Die wichtigste Lebensaufgabe für jeden Christen ist die ehrliche und persönliche Gewissensbildung im Geiste der geschenkten GOTTES- und Nächstenliebe. Diese Aufgabe erfordert viel Zeit, ein intensives Studium der neutestamentlichen Texte, echte religiöse Gespräche und intelligente Diskussionen. Ohne genaue Kenntnisse der christlichen Überlieferung und ohne den Willen auf den Heiligen Geist zu hören, gibt es kein Leben als Christ. In der ehrlichen Auseinandersetzung mit der Botschaft Christi entsteht eine feste Beziehung zu Christus. Christus ist dann nicht mehr ein Lehrer oder Meister, er wird vielmehr ein Freund und Begleiter für das eigene Leben.

Christus wird mein Seelenführer. Auf diesem Weg kann ich mit Christus alles besprechen, ihm meine Ängste, Sorgen und Nöte offenbaren und ihn vertrauensvoll um Hilfe und Rat bitten. So wird Christus mein Berater in Gewissensfragen und ER übernimmt die Bildung meines Gewissens. Zusammen gehen wir gemeinsam auf den Weg ins Reich GOTTES. Ich werde fähig das Unrecht zu ertragen und trotz Anfechtungen werde ich nie bösartig. Das ist die echte und glaubwürdige Haltung in der wahren Nachfolge Christi.

Denn auch der Menschensohn ist nicht gekommen, um sich dienen zu lassen, sondern um zu dienen und sein Leben hinzugeben als Lösegeld für viele
(Mt 20,28).

Die Gewissensbildung ist daher keine weltfremde und intellektuelle Spielerei, weil der Christ auf diesem Weg die gute mitmenschliche Lebensweise für sein eigenes konkretes Verhalten sucht und findet. Am Anfang dieser Suche steht die Wahrnehmung, dass der Mensch kein selbstherrliches Wesen ist: *Er ist vielmehr ein Beschenkter*. So betrachtet heisst gutes Handeln: *„Nicht nehmen, sondern geben“,* denn das Lebensnotwendige wurde zu Beginn des Daseins jeder Person geschenkt. Die Aufgabe der guten Gewissensbildung ist es, das jeder Christ bereit wird in einer persönlichen Form das Lebensnotwendige an jene Menschen weiterzureichen, die jetzt konkret die Unterstützung und die Hilfe brauchen.

Je mehr der Mensch sich als ein „Geschenk“ versteht, umso schneller ist er auch bereit zu schenken. Dabei geht es nicht nur um materielle Gaben, die man grosszügig weiterschenkt. Die meisten Menschen können und machen das sehr gut, wenn die materiellen Güter vorhanden sind, und die Not an andern Orten übergross geworden ist. Wenn allerdings die mitmenschlichen Beziehungen zerrüttet sind, fallen das Verständnis, das Mitgefühl und auch das Wohlwollen weg. In diesen Situationen wird das „Schenken“ schwierig. Da wird die wahre Gewissensbildung für die Person eine echte Herausforderung, weil Christus klar verlangt, dass man auch den Feinden Gutes tun soll.

Die Ehrlichkeit

Die modernen Menschen lehnen das Vorurteil ab. Doch das ist nicht ehrlich. Alles, was der Mensch zuerst von der Wirklichkeit wahrnimmt ist ein Vorurteil, eine Hypothese. Das Vorurteil wird erst dann falsch, wenn es falsifiziert werden kann. Dann wird der ehrliche Mensch das Vorurteil aufgeben und das jetzt geprüfte richtige Urteil annehmen. Allerdings finden auch die ehrlichen Sucher nach der Wahrheit in sehr vielen Fällen nie ein sicheres Urteil. In der Wahrnehmung der Wirklichkeit sind in komplexen Zusammenhängen oft nur Vorurteile möglich. Daher ist und bleibt auch jeder religiöse Glaube ein Vorurteil, eine Hypothese, die sich erst am Ende des Lebens als richtig oder falsch erweist. Selbst der Atheismus ist ein Vorurteil, das nicht bewiesen werden kann. Der logische Verstand kann nur die mögliche Glaubwürdigkeit von religiösen oder atheistischen Aussagen prüfen. Auch der christliche Glaube muss ehrlich auf seine Glaubwürdigkeit untersucht werden.

Das Christentum besteht den Glaubwürdigkeitstest. Christus offenbart GOTT als die vollkommene Liebe. Das ist eine sinnvolle Annahme des Schöpfers der Welt und ihrer wunderbaren Vielfalt. Der Glaube, dass in Christus GOTT den Menschen sichtbar geworden ist, wird mit der Lebensweise Christi, mit seiner Wundertätigkeit und mit seiner Auferstehung glaubwürdig bestätigt. Selbst die Aussage, dass GOTT eine *„Einheit in drei Personen"* ist, bleibt plausibel, denn GOTT muss zugleich Einheit und Vielheit sein. GOTT ist in und ausserhalb von Raum und Zeit, denn nur so kann der Mensch eine Erschaffung der Welt sich vorstellen, d. h. GOTT ist in der sichtbaren und unsichtbaren Wirklichkeit gegenwärtig. Die Menschen können das Wesen GOTTES nicht erfassen, aber sie können im eigenen Bewusstsein seine Liebe erfahren. Sehr viele Heilige berichten glaubwürdig von solchen göttlichen Berührungen. Die moderne Gesellschaft nimmt allerdings diese Berichte nicht mehr wahr, weil sie jedes Verständnis für eine Berührung durch die Liebe GOTTES ablehnt.

Die Nachfolge Christi ist immer ein sehr persönlicher Entscheid. Zwar werden noch immer die meisten Christen als Kleinkinder getauft. Mit der Firmung sollte die Taufe vollendet werden, d.h. der gefirmte junge Mensch sollte nun ganz bewusst in das Reich der Liebe GOTTES eintreten. Das ist leider heute nicht mehr selbstverständlich, weil die Entfremdung zwischen den Jugendlichen und der Kirche zu gross geworden ist. Nach der Firmung verschwinden die meisten Gefirmten still und klanglos aus der Kirche. Die Verkündigung der Liebe GOTTES hat die Herzen der der Jugendlichen nicht mehr erreichen können. So wächst die Zahl der Menschen, die sich vom christlichen Glauben abwenden.

Die traditionelle Vermittlung des Glaubens muss neu ausgerichtet werden. Weil die Kirche ihre Liebenswürdigkeit verloren hat, wird die bisherige Art und Weise der Verkündigung des Glaubens vom gesellschaftlichen Umfeld nicht mehr angenommen. In der Gesellschaft wird Christus und seiner Botschaft für eine gute und sinnvolle Bewältigung des Lebens keine echte Hilfe mehr zugebilligt. Man fühlt sich in der modernen Gesellschaft ohne jeden Bezug zum Christentum und seiner Tradition wohl, und man ist als ein ausgetretener Christ stolz auf sich, weil man nur noch die Fehler der Christen sieht.

Das öffentliche Leben vollzieht sich heute distanziert und abweisend gegenüber dem Christentum. Wenn von gegenwärtigen Gräueln in der islamischen Welt berichtet wird, verweist man genüsslich auf die vergangenen christlichen Verbrechen, um zu zeigen, dass man persönlich über der Bosheit aller Christen steht. Man weiss nicht mehr, dass gerade die Botschaft Christi jede Bosheit gegenüber den Mitmenschen verbietet, dass die Christen keinen Heiligen Krieg kennen, und dass das Christentum mit der üblichen gesellschaftlichen Politik von Macht und Herrschaft nichts zu tun hat.

Die Kenntnisse der meisten Zeitgenossen über das Christentum sind heute bereits auf der Stufe des Kindergartens stecken geblieben. Die religiöse Weiterbildung der Jugendlichen wurde vollständig aus dem Schulunterricht gestrichen. Man müsse endlich aufwachen, d.h. sich jetzt für die Ideologie der sozialen Gerechtigkeit einsetzen, wird verlangt. Dann werde alles gut. Dabei wird unterschlagen, dass die Bosheit auf dieser Welt vom menschlichen Willen abhängt und nicht einfach das Produkt der ungerechten sozialen Umstände ist.

Daher muss die christliche Glaubensvermittlung wieder das Reich GOTTES ins Zentrum der religiösen Wirklichkeit setzen. Das Reich GOTTES gründet auf Wohlwollen, Mitmenschlichkeit, Hilfsbereitschaft und Güte, und nicht auf der Herrschaft, der Macht und der Gewalt über die nicht genehmen Mitmenschen. Der gläubige Christ muss sich von jeder Machtpolitik fernhalten, und er darf keine Lügner, Gauner und Tyrannen in irgendeiner Form unterstützen Das haben zu viele Christen vergessen und unterstützen bösartige Machtpolitiker. Zu Recht sagte Christus dem Pilatus: *„Mein Reich ist nicht von dieser Welt“.* Das Reich GOTTES ist nicht in der Macht, sondern in der unendlichen Liebe GOTTES verankert. Der Christ soll immer das Gute suchen, denken und tun.

Der ehrliche Umgang mit der Wahrheit ist in der heutigen Politik weitgehend verschwunden. Um dem politischen Gegner zu schaden werden hemmungslos Falschmeldungen, Irritationen und Lügen über die Netzwerke verbreitet. Die Prüfung einer Meldung auf ihre Wahrheit wird unterlassen, wenn der Bericht in das eigene ideologische Denkschema passt, und gewinnbringend ist. Die Ehrlichkeit hat heute nicht mehr einen eigenen Selbstwert, denn die Ehrlichkeit wird der Nützlichkeit unterstellt. Wider das bessere Wissen unterstützt man die Lügen von erfolgreichen Betrügern. Die eigene Mitschuld wird einfach verdrängt, und man manifestiert nur noch Empörung über das ungerechte Verhalten der Mitmenschen, die man nicht mag. Man hält wie Pilatus die Frage nach der Wahrheit für bedeutungslos. Doch dieses unmoralische Verhalten zerstört jede menschliche Gemeinschaft.

Die Vergebung

In der modernen Gesellschaft fordert der Anspruch auf Gerechtigkeit eine absolute Erfüllung. Überall werden heute soziale Ungerechtigkeiten angeprangert, die sofort zu vernichten sind. Mit brennendem Eifer, moralischer Entrüstung, Wut und Empörung klagt man das Fehlverhalten der schuldigen Gruppen an: Rassisten, Faschisten, Machos, Weisse, Islamophobe, Antisemiten, etc., sie alle werden beschimpft und sollen mit Gesetzen zur Besserung gezwungen werden. Diesen Wutbürgern fehlt allerdings der vernünftige und kritische Abstand zum eigenen Verständnis der Gerechtigkeit.

Die Gerechtigkeit ist ein abstrakter Begriff, der die menschlichen Beziehungen richtig ordnen soll. Die Gerechtigkeit ist zunächst ein idealer Wunsch, den die komplexe menschliche Gesellschaft mit den vielen unterschiedlichen Personen nie vollkommen erfüllen kann. Zudem ist die Gleichheit keine Gerechtigkeit.

Die subjektiven Erwartungen in die Gerechtigkeit können durch die objektiven Taten der Menschen nie richtig und wirklich gerecht erfasst und abgegolten werden. Was ist im Verhältnis zwischen Mann und Frau „gerecht“? Was soll gleich werden? Mann und Frau werden doch immer ungleich bleiben. Wenn die Gerechtigkeit als eine Annäherung an die Wirklichkeit verstanden wird, ist eine Verständigung möglich. Wird dagegen die Gerechtigkeit als ein Gesetz der Gleichheit erzwungen, tauchen sofort neue Ungerechtigkeiten auf.

Gleichheit und Gerechtigkeit sind Abstraktionen. In der Wirklichkeit des Daseins sind die Begriffe also nur Annäherungen an die realen Beziehungen zwischen den Individuen. Je nach dem allgemeinen oder dem speziellen Blick ist der Satz: *Alle Menschen sind „gleich“*, zugleich richtig und falsch. Zudem wird die Gerechtigkeit subjektiv unterschiedlich wahrgenommen und empfunden.

Wird aber die Gerechtigkeit wie bei den modernen Gleichheitsfanatiker als ein absoluter Wert verstanden, so ist keine Ausnahme erlaubt. Diese Einstellung vergiftet das menschliche Zusammenleben. Empathie mit den Menschen, die anders denken gibt es in diesen Kreisen nicht, denn man hat jetzt das wahre Wissen gefunden. Auf diese Weise wird die Gerechtigkeit zu einem scharfen Messer, das die Guten von den Bösen trennt. Gleichheitsfanatiker sind in ihrem Denken radikal konsequent und in ihrem Urteil unerbittlich. Für sie ist das Wort Christi über die Feindesliebe ein Verrat, der nicht toleriert werden darf.

Dieses neue Rechtsdenken widerspricht vollkommen der Botschaft Christi, die stets die Liebe und das Wohlwollen als Grundlage für das gemeinsame gesellschaftliche Leben fordert. Der Christ hat also Mitgefühl mit seinen Gegnern, er versucht sie zu verstehen und ist bereit sich im Urteil zurückzuhalten. Diese wohlwollende Haltung ist eine persönliche Lebensweise, die der Gläubige nur mit der göttlichen Hilfe verwirklichen kann, denn:

Miteinander leben heisst, vergeben können.

Viele Christen verstehen die Bitte im Vaterunser; *„führe uns nicht in Versuchung“,* nicht richtig. Sie stellen sich unter dieser Bitte sexuelle und materielle Versuchungen vor. Doch in dieser Bitte geht es um eine ganz andere Forderung Christi. Es geht um die Frage der richtigen Vergebung: GOTT vergibt die Schuld der Menschen; der Mensch soll daher auch den Mitmenschen vergeben und er soll nicht in die Versuchung fallen, die Schuldfrage mit Gewalt zu lösen. Das ist eine übermenschliche Forderung.

„Liebt eure Feinde und tut denen Gutes, die euch hassen“ (Lk 6,27).

Spontan denken die Menschen, man müsse in allen Konflikten immer nach dem Prinzip der Gerechtigkeit sich verhalten. *„Aug um Aug, Zahn um Zahn.“* Recht und Gerechtigkeit sind allerdings abstrakte Begriffe, die der Wirklichkeit nicht automatisch gerecht werden. Sie entstammen dem abstrakten logischen Denken. Die Menschen haben aber ganz verschiedene Vorstellungen von Recht und Gerechtigkeit und sie erfahren subjektiv das Unrecht unterschiedlich intensiv. Erleidet ein Mensch Unrecht, so ist seine erste Reaktion: Vergeltung! Er glaubt, dass er die Gerechtigkeit herstellen könne, indem er den Übeltäter sofort gleichwertig bestraft. Dieser spontanen Versuchung zur Vergeltung soll der Christ widerstehen. Das fordert die Bitte im Vaterunser.

Die Erfüllung dieser Forderung nach gewaltloser Vergebung übersteigt die menschlichen Fähigkeiten. Diese Form des Verzeihens gegenüber dem Feind ist nur mit göttlicher Hilfe möglich. Der Verstand sieht zunächst im Unrecht nur ein Ungleichgewicht, das man rational mit einer gleichwertigen Tat kompensieren könne. Aber das Unecht ist immer eine gefühlte persönliche Verletzung, die nicht allein mit materiellen Werten geheilt werden kann, denn die böse Tat tötet die Liebe im Herzen und der Hass krallt sich im Denken und Fühlen der Menschen fest, die Unrecht erlittenen haben. Selbst wenn der Übeltäter seine böse Tat bereut, so können die meisten Menschen das erlittene Unrecht nicht vergessen und sie haben grosse Mühe wieder den Frieden mit sich selbst und vielleicht sogar mit dem Übeltäter zu finden.

Die moderne Gesellschaft glaubt noch immer, dass die Menschen mit dem logischen Denken und den richtigen Massnahmen Gerechtigkeit und Frieden finden. Das ist eine grosse Illusion, weil der freie Wille eines Menschen über das persönliche Handeln entscheidet. Wenn daher der gemeinsame Wille zur Versöhnung fehlt, ändert sich nichts. Das Opfer fühlt sich immer als ein Opfer und bald übernimmt auch der Täter das Opfernarrativ und glaubt, er sei von widrigen Umständen zu seinem Verhalten gezwungen worden. Die Annahme dieser Opferrollen in einem Konflikt zerstört vollständig jede friedliche

Einigung, denn man ist jetzt restlos überzeugt, dass man für sein rechtmässiges Recht kämpfen muss.

Die Schuld vergeben kann nur eine Person, die innerlich im Wohlwollen gefestigt ist. Diese mögliche Schuldvergebung kann das Bewusstsein sich leicht ausdenken, aber es kann im Herzen die wohlwollende Liebe nicht machen. Das fundamentale Leben in der Liebe ist ein göttliches Geschenk, das die geistige Person annehmen kann, aber nicht annehmen muss. Die reine menschliche Wahrnehmung einer Schuld bleibt immer in einer Ungewissheit stecken. Es widerstreiten sich in der subjektiven Beurteilung der Realität ständig der analytische Verstand, die wahrgenommenen negativen Gefühle, die trennenden Ideen und der freie Wille. Nur wenn sich eine Person in der Liebe GOTTES sicher geborgen weiss, kann sie auch bösen Menschen vergeben.

In der Vergebung der Schuld offenbart sich das Wesen der Nachfolge Christi. Es ist der Weg, den Christus ging, als er unschuldig gekreuzigt wurde. Diesen Weg gehen kann eine geistige Person nur, wenn sie von der Liebe GOTTES wirklich erfüllt ist. Das kann ein gottloser Mensch nie verstehen, denn er lebt in einem Weltbild in dem das Wissen und das Wollen nur um das kurze Überleben kreisen. In diesem düsteren Weltbild kann es folglich auch nie einen Frieden unter den Menschen geben, weil jede Person sich selbst immer als Opfer sieht.

Das menschliche Leben wird auf ein Trampeln und Zertrampeln reduziert, und das gemeinschaftliche Leben wird zu einem existenziellen Kampf um das Überleben, denn der einzige Wert im Leben ist das eigene Ich. Die gegenwärtige Weltlage zeigt diesen Zerfall der menschlichen Gesellschaft in einer grausamen Form. Tyrannen aller Art beherrschen heute die Welt und sie schrecken weder vor Zerstörung, Vernichtung und Kriegen zurück. Es ist für diese Egoisten besser Etwas zu zerstören als es andern Menschen zu gönnen. So wird das ursprüngliche menschliche wohlwollende Verhalten völlig zerstört.

Eine Welt ohne mitmenschliches Wohlwollen, Güte und Liebe verwandelt die wunderbare Schöpfung GOTTES in eine grausame Hölle.

Das christliche Verständnis über GOTT und die Wirklichkeit kann jeder Mensch sofort verstehen, wenn er sich an seine eigene Herkunft erinnert. Am Anfang meiner Existenz und am Beginn meiner geistigen Wahrnehmung ist die Liebe da. Mein eigenes Leben ist ein Geschenk, das mich zur Dankbarkeit verpflichtet. Die Mitmenschen dankbar und in wohlwollender Liebe anzunehmen, bedeutet in Wahrheit ein Mensch zu werden. Im Rückblick auf die eigene Menschwerdung wird diese christliche Ansicht bestätigt.

Die Dankbarkeit muss das menschliche Verhalten begleiten, denn die erfahrene Dankbarkeit gibt einer Person die Kraft den schuldigen Mitmenschen zu vergeben.

Der Verlust der ursprünglichen Dankbarkeit in der Wahrnehmung der Welt

Die erste reale Kommunikation eines Menschen mit den Mitmenschen ist das dankbare Lächeln des kleinen Kindes. Die Dankbarkeit gehört zum Urgestein des Menschen. Mit dem Wachsen verliert das Kind die spontane Dankbarkeit, weil die neuen wunderbaren Eindrücke die Sinne verwirren. Deshalb hat man früher in der Erziehung die Kinder immer wieder zur Dankbarkeit angehalten. Das ist heute nicht mehr der Fall. Die Kinder werden vielmehr zum Kampf für die eigene Bedeutung und für die Durchsetzung ihrer Wünsche erzogen, um sich selbst verwirklichen zu können. Auch in der religiösen Erziehung hat sich diese Idee durchgesetzt. Man wird in der Glaubenserziehung nicht mehr angeleitet, GOTT für das Leben zu danken, denn man will jetzt auch alles selber machen können. Darum wird GOTT nur noch als Nothelfer angerufen.

Das Danken ist zudem in der modernen Leistungsgesellschaft verpönt, denn der Mensch will für seine Leistung einfach den angemessenen Lohn. Man will auch keine Geschenke annehmen, denn als ein Beschenkter ist man gezwungen jedes Geschenk mit einem Gegenwert zu entgelten. Diese geistige Haltung, niemandem Etwas schuldig zu bleiben, hat grosse Folgen für das Selbstverständnis. Der Mensch sieht nur noch sich und seine Probleme und er vereinsamt in seinem Selbstverständnis.

Wenn im Denken die ursprüngliche gefühlte Dankbarkeit fehlt, steigen eine gewisse Kälte und eine undefinierte Unzufriedenheit im Bewusstsein der Person auf, denn mit der Dankbarkeit ist auch automatisch ein gutes Selbstwertgefühl verbunden. Die Dankbarkeit ist in der menschlichen Kommunikation eine Art „Schmieröl", das jede Kommunikation reibungslos und gut macht. Ist mein Selbstwertgefühl stark in der ursprünglichen Dankbarkeit verwurzelt, so können die gewollten oder unbeabsichtigten Sticheleien und Verletzungen von Menschen, die mir nicht wohlgesinnt sind, meinem Selbstbewusstsein nichts anhaben. Eine starke innere Gelassenheit schützt mich vor allen ungerechten Angriffen. Diese robuste Gelassenheit ist ein wahres göttliches Geschenk für das der gläubige Christ GOTT von ganzem Herzen dankt.

Der Christ findet im Vertrauen auf die unerschöpfliche Liebe GOTTES eine grosse Dankbarkeit gegen über sich und den Mitmenschen. Der Glaube an das göttliche Wohlwollen erfüllt das Herz mit Freude und Zuversicht. Der Gläubige vertraut auf die ihn tragende Gegenwart der Liebe GOTTES, die ihn glücklich macht. Das ist das wunderbare Geschenk, das GOTT den Gläubigen schenkt.

Das Gebet

Nach einer alten christlichen Erklärung ist das wahre Gebet eine intensive Zwiesprache mit GOTT. Beten bedeutet also „aussprechen“ und zugleich „zuhören“. Im modernen Verständnis ist allerdings das Gebet nur noch eine Bitte, die GOTT gnädig erhören sollte. In dieser verkürzten Sicht auf das Gebet, geht allerdings der wichtigste Teil eines Gesprächs, nämlich das Hören auf die Antwort GOTTES, der angesprochen wird, verloren.

Die Hauptsache in jedem Gebet ist das innerliche hörende Schweigen. Nur wenn ich still werde, kann ich das Wort GOTTES persönlich hören.

„Wenn ihr betet, sollt ihr nicht plappern wie die Heiden, die meinen, sie werden nur erhört, wenn sie viele Worte machen. Macht es nicht wie sie, denn euer Vater weiss, was ihr braucht, noch ehe ihr in bittet“ (Mt 6,7.8).

„Denn wer bittet, der empfängt; wer sucht, der findet; und wer anklopft, dem wird geöffnet“ (MT 7,8).

Das sind tröstliche Worte. Doch in der Wirklichkeit des Lebens scheint diese Verheissung sich selten zu erfüllen. Unzählige Bitten werden offensichtlich nur spät oder überhaupt nicht erfüllt. Das führt unweigerlich zu einer grossen Verunsicherung im Glauben und zum Verzweifeln an der Existenz GOTTES. Das Beten bringt nichts, sagen heute viele Menschen und sie geben das Beten auf. In der äussersten Not rufen manche Menschen doch noch GOTT an. *Wenn es dich gibt, dann hilf mir jetzt, denn ich bin verzweifelt!*

Zu viele Christen verstehen das Gebet einseitig und nicht richtig. Sie sehen im Gebet ein Tauschgeschäft. GOTT wird mit einem Grosswarenhändler identifiziert. Mit dem richtigen Beten bekomme man von Gott die erwünschten Waren. Gott ist gleichsam der Lieferant für die gemachten Bestellungen. In diesem Denkmodell verhandelt der Christ mit GOTT als Händler: Ich gebe Etwas, also habe ich Anspruch auf eine Gegenleistung. Doch GOTT ist nicht ein Geschäftsmann, denn er gehört nicht der menschlichen Gesellschaft an.

Bewusst lebt jeder Mensch in der sichtbaren Welt, aber er hat auch eine Wahrnehmung für die unsichtbare Wirklichkeit. GOTT gehört wie übrigens auch die verstorbenen bekannten Mitmenschen zur unsichtbaren Wirklichkeit. Aus der unsichtbaren Wirklichkeit empfangen sensible Menschen immer wieder Zeichen, Hinweise und Botschaften. Für die gläubigen Christen ist der unsichtbare GOTT immer in der sichtbaren Wirklichkeit aktiv und anwesend, und ER wird von der geistigen Person subjektiv wahrgenommen.

GOTT ist das „Ganze“, d. h. für mich als eine Person kein Gegenüber, denn GOTT ist in mir, mit mir und ausser mir, d. h. ER ist mir allgegenwärtig nahe. Wenn die Menschen über das Eingreifen GOTTES reden, so erwarten sie immer

aussergewöhnliche, sichtbare und erstaunliche Ereignisse; sie erwarten Wunder! Diese Vorstellung ist allerdings weltfremd. Würden die göttlichen Wunder als Erfüllung der menschlichen Bitten immer eintreffen, so käme die ganze Natur aus den Fugen. Sichtbare Wunder geschehen daher selten. Das hat einen klaren Grund. GOTT ist ja nicht einfach ausserhalb von mir; ER ist unsichtbar auch in mir! Das wiederum bedeutet, dass GOTT in mir das „Wunder" wirken kann. Von aller Not, jeder Pein und der schrecklichen Verzweiflung wird GOTT mich innerlich befreien, wenn ich darum bitte.

Als mein Gebet andächtiger und innerlicher wurde, da hatte ich immer weniger und weniger zu sagen. Zuletzt wurde ich ganz still.

Ich wurde, was womöglich noch ein grösserer Gegensatz zum Reden ist, ich wurde ein Hörer.

Ich meinte erst, Beten sei Reden. Ich lernte aber, dass Beten nicht bloss Schweigen ist, sondern Hören.

So ist es: Beten heisst nicht, sich selbst reden hören. Beten heisst, still werden und still sein und warten, bis der Betende GOTT hört.

(Sören Kierkegaard)

Als Christ habe ich ein offenes Verständnis für das Wunder des Lebens und ich vertraue auf die unsichtbare, gegenwärtige und helfende Liebe GOTTES. In diesem Bewusstsein bin ich auch bereit mich von der Liebe GOTTES berühren und verändern zu lassen. Dann kann ich die göttliche Kraft spüren, annehmen und mich neu formen. Im Bewusstsein der mich aufrichtenden Liebe des allgegenwärtigen GOTTES werde ich ein neuer Mensch. Dazu fordert Christus mich auf.

„Alles, was ihr Worten und Werken tut, geschehe im Namen Jesu, des Herrn. Durch ihn dankt GOTT, dem Vater" **(Kol 3,17).**

Gemäss dem Vaterunser soll der Mensch in seinem Leben GOTT für drei Dinge, die er allein nicht verwirklichen kann, um Hilfe bitten. Damit meinte Christus:

Um das Reich der Liebe GOTTES zu verwirklichen.
Um das tägliche Brot, dass die Natur spenden muss.
Um die Kraft nicht Bosheit mit Bosheit zu vergelten.

„Und wenn ihr beten wollt und ihr habt einem anderen etwas vorzuwerfen, dann vergebt ihm, damit auch euer Vater im Himmel euch eure Verfehlungen vergibt" **(Mk 11,25).**

Beten heisst also auf GOTT hören, und konkret sich zur Vergebung bereit machen.

Ethik und Evangelium

In einer verbindlichen Ethik sehen heute die meisten Menschen die einzige Lösung, um den Frieden und den Wohlstand auf dieser Welt zu verwirklichen. Sie glauben, die Religionen würden den ethischen Ansprüchen nicht genügen. Auch das Christentum halten sie für eine unehrliche Buchreligion, die mit ihren dogmatischen Vorschriften die Menschenwürde verachte. Diese Ansicht beruht auf einer völligen Unkenntnis der christlichen Religion. Dazu gesellt sich eine unbegründete Sicherheit in der Erkenntnis von ethischen Begriffen. Die ethischen Begriffe sind nur beschränkte geistige Abstraktionen, d. h. sie erfassen die Realität der menschlichen Beziehungen nur oberflächlich.

Jede Ethik fordert immer Gerechtigkeit. An diesem Schlüsselbegriff wird das Problem deutlich und klar sichtbar. Die Gerechtigkeit wird je nach den Umständen unterschiedlich definiert: *Allen das Gleiche, und jedem das Seine.* Die beiden Definitionen widersprechen sich. Die abstrakten ethischen Begriffe sind Idealbilder logischer Vorstellungen von denen man hofft, sie würden die Realität richtig erfassen. Die Ethik kann nicht wie eine Ware objektiv erfasst und definiert werden. Jede Ethik gründet auf subjektiven Vorstellungen von komplexen realen Umständen. Es gibt daher kein objektives sicheres Wissen, was mit einem ethischen Begriff wirklich und verbindlich gemeint ist.

Die Vereinigten Nationen definieren immer mehr ethische Forderungen, die alle Menschen achten und respektieren sollten. Doch kaum tritt ein echter Konflikt auf, so regiert die politische Macht und nicht die Ethik das Verhalten der Menschen. In Wahrheit ist das Verlangen nach einer menschlichen Ethik und einer gerechten Welt ein reines Wunschdenken. Jeder Egoist, Lügner und Betrüger macht sich seine eigene „Ethik". Es gibt deshalb auch keine Ethik ohne eine sichere Verankerung in einem religiösen Glauben, und dem bewussten Willen der Menschen diesen guten ethischen Richtlinien zu folgen. Das ist eine bittere Erkenntnis.

Jede glaubwürdige Religion ermahnt die Menschen das Böse zu meiden und das Gute zu tun. Die Religion setzt ethische Massstäbe, die allerdings die Menschen nicht immer einhalten. Immerhin können sie die Bösen mit diesen Massstäben für das begangene Unrecht zur Verantwortung vor das göttliche Gericht ziehen. Das ist ein echter Vorteil, weil damit die grosse unberechenbare menschliche Bosheit eingedämmt werden kann.

Die Ablehnung der Religion raubt der Ethik ihr notwendiges Fundament. Man achte nur auf die unverfrorenen Lügen, die jeder Tyrann zur Rechtfertigung seiner Bosheit benutzt. Die gottlose Gesellschaft bietet mit ihrer Ethik nur leere Propaganda an. Das Christentum fordert dagegen von jeder Person gewissenhaft das Gute zu tun.

Die individuelle Form der christlichen Religion

Die älteren Religionen sind im ursprünglichen Stammesdenken verhaftet. Die Stammestradition bestimmt das religiöse Verhalten der Individuen in der Gesellschaft. Ein Austreten aus dieser festen Religionsgemeinschaft ist nicht möglich. Diese Vorstellung gilt auch noch im Islam. Wer z. B. zum Christentum konvertieren will, wird mit dem Tode bedroht oder sogar umgebracht. Aus einer Religion in der die blutmässige Abstammung und das Stammesdenken den Glauben begründen, kann man nie austreten.

Asiatische Religionen sind in einem anderen, einem philosophischen Konzept verankert. Man muss so lange leben bis man alle Schuld wieder abgebüsst hat. Der Mensch tritt aus dem Nichts ins Rad des Lebens ein, in dem er sich bewähren muss, und er wird, wenn er alles Notwendige in seinem Dasein erfüllt hat, wieder ins Nichts entlassen. Da wird das Leben als ewiger Leerlauf erklärt.

Es gibt unzählige Religionen, die entstanden sind, geblüht haben und wieder erloschen sind. Dazu kommt heute der wissenschaftliche Atheismus, der wie eine Religion einen absoluten Anspruch auf sein Wissen beansprucht. Was immer also die Menschen über ihr Dasein sich ausdenken: Sie haben über die Wirklichkeit kein Wissen; sie müssen immer glauben, dass ihre angenommene und gedeutete Daseinserklärung richtig, vernünftig und gut sei.

Seit das Christentum seine ursprüngliche Ausstrahlung verloren hat, sind viele neue Religionen und Sekten entstanden. Die Meisten dieser Vereinigungen haben autoritäre Strukturen. Dann gibt es heute sogar Zusammenschlüsse von Menschen auf Grund ihrer gemeinsamen Idee GOTT abschaffen zu müssen, und neue Gruppen, die sich ausschliesslich um die ideologische Verbesserung der Menschheit nach ihren eigenen Vorstellungen bemühen.

Die Frage, ob die Menschen in ihrem Denken und Handeln einem GOTT gegenüber verantwortlich seien, wird heute nicht mehr gestellt. Die echten spirituellen Beziehungen der Menschen zur göttlichen Wirklichkeit haben daher massiv abgenommen, denn man hat für religiöse Fragen keine Zeit. Ein alltäglicher Atheismus prägt die unablässige Geschäftigkeit der Menschen, und die Gesellschaft meint, sie könne mit den wachsenden wissenschaftlichen Erfolgen nun alle Probleme der Menschheit selbständig lösen, und meint:

Die einzige Gottheit, der man heute alles opfern muss, ist die Wissenschaft, die in Zukunft alle Menschen glücklich macht.

Man träumt, dass man in den kommenden Generationen Leiden, Krankheiten und vielleicht sogar Tod ausrotten werde. Das All könne bald besiedelt werden und die ganze Menschheit werde unsterblich leben. Die Menschen selbst verwandeln sich in perfekte Gottheiten, die alles, was immer sie wollen, auch

machen können. In der Realität der begrenzten individuellen Lebenszeit bleiben diese ausgedachten Vorstellungen allerdings reine Phantasien.

Das Christentum bietet bessere Vorstellungen für ein erfülltes menschliches Leben. Der Glaube an GOTT ist nach christlicher Tradition kein kollektives Konstrukt einer Gesellschaft, die ein erfundenes Denkmodell zur Lebensbewältigung anbietet, oder sich auf überlieferte Schriften und Traditionen abstützt. Das Christentum versteht den Glauben als eine individuelle und persönliche Beziehung zu GOTT, der die vollkommene Liebe ist. Die geistige Person kann daher mit der Kraft der göttlichen Liebe das schwierige Leben bewältigen und den Tod überwinden.

Mit dieser Vorstellung haben viele Menschen Probleme, weil sie sich nicht vorstellen können, wie GOTT auf die Milliarden von Menschen persönlich reagieren sollte. Sie halten diese christliche Ansicht für eine Anmassung, weil sie GOTT auf eine menschliche Dimension verkleinert haben. Sie sehen Gott als eine objektive, neutrale und allmächtige Kraft an, die alles Geschehen indirekt lenkt und leitet. Doch dieses Gottesbild ist zu eng gefasst. GOTT ist „Alles in Allem“, d. h. er zeigt sich „Allem und Jedem“ auf seine entsprechende Weise. So zeigt GOTT sich den einzelnen Menschen auf eine persönliche Weise in einer Erfahrung der göttlichen Liebe. Diese Erfahrung kann allerdings nur richtig gedeutet werden, wenn der Gläubige in Christus auch GOTT sieht.

Die Menschwerdung GOTTES in Christus ist eine Glaubensaussage, die das liebende Herz erfasst, der logische Verstand aber rational nicht erklären kann. Das Dasein ist im Verständnis der Christen ein Wunder der Liebe GOTTES.

„Das wahre Licht, das jeden Menschen erleuchtet, kam in die Welt.
Er war in der Welt, und die Welt ist durch ihn geworden,
aber die Welt erkannte ihn nicht.
Er kam in sein Eigentum, aber die Seinen nahmen ihn nicht auf.
Allen aber, die ihn aufnahmen, gab er die Macht Kinder GOTTES zu werden.“

„Und das Wort ist Fleisch geworden und hat unter uns gewohnt, und wir haben seine Herrlichkeit gesehen, die Herrlichkeit des einzigen Sohnes vom Vater, voll Gnade und Wahrheit.“

„Denn das Gesetz wurde durch Mose gegeben, die Gnade und die Wahrheit kamen durch Jesus Christus.“

„Niemand hat GOTT gesehen. Der einzige, der GOTT ist und am Herzen des Vaters ruht, er hat Kunde gebracht.“

(Joh 1,9-12.14.17-18).

Alles Leben kommt von GOTT und kehrt zu GOTT zurück.

Gott und Mensch

Das Evangelium berichtet, dass GOTT in einem Kind, in Jesus von Nazareth Mensch geworden ist. Das ist eine unerhörte Aussage. GOTT wird Mensch. In Christus wird GOTT für die Menschen sichtbar, und ER als Christus spricht als GOTT und Mensch direkt zu den Personen, die auf IHN hören.

Die Grundlage für den christlichen Glauben an GOTT ist die persönliche Beziehung, die jeder Mensch über Christus mit seinem Gewissen zu GOTT finden kann. Das Verhältnis zwischen GOTT und den Menschen ist daher eine Liebesbeziehung, und sie beruht auf der individuellen Freiheit. Niemand muss GOTT lieben und beachten. Anderseits kann der Mensch die göttliche Liebe jederzeit annehmen. Der Christ erwählt GOTT und er lässt sich von IHM mit Wohlwollen, Güte und Liebe erfüllen. GOTT wird in dieser Liebebeziehung sein „Ein und Alles“. Der Gläubige tritt in die Wirklichkeit GOTTES ein, und er will in diesem Gottesreich leben, denken und handeln. Die göttliche Liebe wird auf diese Weise zum absoluten Richtmass für das eigene christliche Leben.

Der Christ lebt intellektuell und gefühlsmässig in der Welt GOTTES. Mit der unsichtbaren göttlichen Wirklichkeit wird durch die konkrete christliche Lebensweise das Reich GOTTES in der Welt sichtbar. Das Reich GOTTES steht über den politischen Reichen der Menschheit, weil es direkt dem Heiligen Geist unterstellt ist. Die Christen fühlen sich daher grundsätzlich GOTT, nicht der Willkür der Gesellschaft gegenüber verantwortlich und ausgeliefert Daher ist die Berufung auf das Gewissen für Christen, die im Reiche GOTTES leben von zentraler Bedeutung, denn jeder Gläubige lebt in der Gegenwart GOTTES. In diesem christlichen Gottesbild hat daher die Gesellschaft kein absolutes Verfügungsrecht über eine menschliche Person.

Der christliche Glaube beruht auf der individuellen Beziehung der Person zu GOTT. Dieser persönliche Aspekt des Glaubens zeigt sich schon in den Anfängen des Christentums. Die Jünger bildeten keine geschlossene Gruppe von übereifrigen Missionaren, die sich politisch formten und aktiv auf der ganzen Welt ausbreiteten. Erstaunlicherweise gingen alle Apostel in ganz verschiedene Länder und gründeten dort ihre Gemeinden. Es ist ein Wunder, dass auf diesen Wegen die christliche Gemeinschaft nicht völlig zerfiel. Allein dieser göttliche Geist des Wohlwollens und der Liebe, vereint bis heute alle Gläubigen.

***„Und das ist sein Gebot: Wir sollen an den Namen seines Sohnes Jesus Christus glauben und einander lieben, wie es seinem Gebot entspricht. Und wer sein Gebot hält, bleibt in GOTT und GOTT in ihm. Und dass er in uns bleibt, erkennen wir an dem Geist, den er uns gegeben hat“* (1Joh 3,23.24).**

Die gläubige Person wird ein Abbild GOTTES

Das Wesentliche im Leben als Christ ist die gefühlte persönliche Wahrnehmung der göttlichen Liebe. Daher sahen alle Christen ihre Aufgabe im konkreten Dienst für das Wohl der Menschen, denn sie waren erfüllt von der Liebe GOTTES. Die Christen haben deshalb nie zu einem politischen Aufstand und zu grossen gesellschaftlichen Veränderungen aufgerufen. Sie haben sich nicht als Herren über die Welt verstanden, sondern als Diener der göttlichen Liebe. Sie leben für das Wohl der Menschen mit denen sie zusammen sind.

Die geistige Bereitschaft des Gläubigen mit GOTT Kontakt aufzunehmen, verändert die gläubige Person, so wie die menschliche Liebe die Liebenden zu neuen Menschen macht. Die Erfahrung der Liebe GOTTES gibt dem Gläubigen ein völlig neues Lebensgefühl. Die eigene Selbstwahrnehmung wird von Ängsten und Zweifeln befreit. In der Gegenwart der Liebe GOTTES fühlt sich das individuelle Bewusstsein frei und froh, und der eigene Selbstwert wird nicht mehr von der wankelmütigen Gesellschaft bestimmt. Die von GOTT geliebte gläubige Person fühlt sich selbstsicher, ist dankbar, ruht zuversichtlich in sich und freut sich am Leben.

Die echte Liebe bedarf immer der intensiven Pflege, denn sie gehört der spirituellen Wirklichkeit an und sie wird zugleich in der materiellen Welt erfahren. Die göttliche Liebe unterscheidet sich von der menschlichen Liebe, denn sie ist absolut treu und zuverlässig. Die menschliche Liebe dagegen ist unbeständig und sprunghaft. Sie kommt unerwartet und sie geht oft auch unbemerkt wieder weg. Ein schuldhafter Fehltritt und eine grosse Leere im Herzen ersetzt dann die einst gefühlte Liebe. Noch schwieriger ist der Umgang mit einer abgelehnten Liebe, die sich sehr schnell in Hass verwandelt. Die menschliche Liebe gleicht einer Gratwanderung zwischen zu viel und zu wenig Zuwendung. Die wahre Liebe kann nicht berechnet und nicht gemacht werden. Sie ist ein Geschenk, das angenommen oder abgelehnt wird.

Die göttliche Liebe kann eine Person völlig überraschend wie ein Blitz treffen, doch die meisten Menschen erfahren die göttliche Liebe wie eine unerwartete sanfte Berührung. Eine wunderbare innere Freude erfüllt das Bewusstsein und der Gläubige spürt den liebevollen Hauch GOTTES. Das Gewissen deutet diese Erfahrung als sicheres Zeichen der Gegenwart der Liebe GOTTES. Der Christ versteht sich daher als ein wahrer Ausdruck der von der göttlichen Liebe geformt ist, und er fühlt sich wie Christus fähig auch die Mitmenschen zu lieben. Er lebt in der Wirklichkeit der Welt als ein Zeichen der Liebe GOTTES.

***„GOTT schuf also den Menschen als sein Abbild; als Abbild GOTTES schuf ER ihn“* (Gen 2,27).**

Heute wird die Deutung des Menschen als ein göttliches Abbild noch immer als ein Aufruf zur Herrschaft über die ganze Welt verstanden. *„Seid fruchtbar, und vermehrt euch, bevölkert die Erde, unterwerft sie euch und herrscht.....“*(Gen 1.28). Doch das ist nicht so eindeutig und klar, denn das Verständnis hängt vom Bild ab, das sich die Menschen von GOTT machen. Wer die Gottheit als eine allmächtige Kraft versteht, der deutet auch den Menschen entsprechend als Herr über die Welt und er beutet ungeniert die Erde nach seinem Geschmack aus. Doch im Schöpfungsprozess erschuf GOTT die Welt als ein gutes Werk. Alles war und ist gut, auch der Mensch als das Abbild GOTTES. Daher ist nach der christlichen Deutung die Güte die Grundqualität des Menschen, denn das wahre und vollkommene Abbild GOTTES ist Christus.

In seiner Person werden die göttlichen Wesensmerkmale sichtbar, denn er hat in seiner Lebensweise die absolute Liebe vorgelebt. ER war ehrlich, konnte das Unrecht klar kritisieren, hörte den Menschen zu, war geduldig und einfühlsam, voll Empathie und Barmherzigkeit, er war hilfsbereit und bewirkte Wunder, um die Menschen von ihren Leiden zu erlösen. Nie aber war er bereit Böses mit Bösem zu vergelten, übte keine Gewalt aus, ertrug das Unrecht ohne Vergeltung und betete sogar für seine Peiniger um ihnen das göttliche Strafgericht zu erlassen. Im vollkommenen Vertrauen auf die innige Liebe seines Vaters erlitt er den Tod am Kreuz. Christus war vollkommenen Mensch und zugleich das vollkommene Abbild GOTTES

„Wahrer GOTT und wahrer Mensch“.

Seither haben die Menschen ein Vorbild, wie sie gottgefällig leben sollen. Diesem Vorbild kann eine Person nur mit göttlicher Hilfe stolpernd nachfolgen. Sie muss vollständig sich zurücknehmen und Raum für den Geist GOTTES in ihrem Bewusstsein schaffen, damit sie im täglichen Denken und Handeln die göttliche Liebe und das bedingungslose Wohlwollen verwirklichen kann. Das ist eine grosse Herausforderung. Das menschliche Denken und Handeln wird auf diese Weise der Liebe GOTTES angeglichen. Die Person wird ein wahres Abbild GOTTES. Das Leben wie Christus in dieser Welt verändert das gemeinsame Leben der Menschen. Das Böse verliert seine tödliche Macht, die bösen Zwänge verschwinden, und das Gute kann verwirklicht werden.

In der gegenwärtigen Welt übt allerdings das Böse noch immer eine schreckliche Macht aus. Das wissen alle Menschen, aber sie wollen diese Tatsache nicht sehen und sie behaupten immer wieder, dass der Mensch natürlicherweise gut sei. Diese Annahme ist falsch. Das Wissen hat keine Macht über das böse Wollen der Menschen. Ohne das bewusste und gewollte Wohlwollen finden die Menschen keinen Frieden auf dieser Welt. Das Wissen und die Wissenschaft erfinden nur immer wieder neue Waffen, die von bösen Menschen zum Töten ausgenutzt werden.

Die eingebildeten falschen Vorbilder

Um das Leben richtig zu gestalten, suchen sich die Menschen immer Vorbilder aus, die ihnen eine gute Lebensperspektive aufzeigen. In der christlichen Sicht ist Christus immer das Idealbild und die Inspiration für eine gute menschliche Lebensweise. In der GOTTES-und Nächstenliebe sehen die Christen die Grundlage für das richtige Denken und Handeln. In der modernen nachchristlichen Zeit ist leider Christus als Vorbild zur Lebensgestaltung bedeutungslos geworden. Heute existieren neue Idole und Lebensentwürfe, und ein Vorbild wird nur, wer sich in der Gesellschaft erfolgreich verwirklicht.

Der Mensch soll sich selbst verwirklichen, die notwendigen Kompetenzen sich erarbeiten, herrschen und nicht dienen, stark sein und die Konkurrenten besiegen, und mit dem eigenen Erfolg sich beglücken. In diesem Konzept ist die Liebe zu GOTT überflüssig und die Nächstenliebe wird nur noch als eine zufällige „win-win“ Möglichkeit verstanden. Die Lebensweisheit lautet:

Jeder kann sich selber glücklich machen, wenn er sich anstrengt.

Die Vorbilder sind jetzt die „Erfolgreichen“. Die Erfolgreichen werden zu Idolen stilisiert und verherrlicht. Die Zahl der Fans erhöht die Bewunderung eines Idols. Das erstaunliche an dieser Tatsache ist, dass dieses verehrte Idol nie kritisiert werden darf. Zwischen dem Idol und dem Fan besteht eine Übereinstimmung, die nie hinterfragt wird. Wer diese Harmonie stört, wird sofort ausgeschlossen. In diesem Punkt sind Vorbild und Verehrer identisch; Sie dulden keine Kritik. In der christlichen Tradition dagegen ist die kritische Gewissensbildung ein fester Bestandteil der Selbsterkenntnis. Das wird nun nicht mehr beachtet.

Scheinbar gut lebt, wer die grösste Zahl an Follower-Fans erreicht. Wenn es dem Idol nützt, spielen Ethik und Moral keine Rolle, weil nur der Erfolg zählt. Das hat für die Gesellschaft sehr negative Folgen. Die erfolgreichen Idole lügen und die Fans unterstützen dieses Verhalten und folgen ihnen nach. Das bedeutet, dass in der Fangemeinde erfolgreiche Betrüger straffrei bleiben und ihre Gegner sofort diffamiert werden. Kriminelle Lügner und Betrüger werden gedankenlos von ihren Anhängern politisch gewählt und blind unterstützt.

Heute gibt es auch unzählige sogenannte Christen die dieses verlogene Verhalten von Idolen unterstützen. Wie kann ein Christ schreiben: *Jesus ist mein Erlöser, Trump mein Präsident*, und ihn wählen. Wie kann ein Patriarch die Lügen Putins unterstützen, ohne sich zu belügen. Es ist offensichtlich, dass in dieser Generation die echte und ehrliche Gewissensbildung völlig vernachlässigt wird. Die Wahrheit wird mit Füssen getreten, aber das kümmert die Verehrer der verlogenen Vorbilder nicht.

Das vorbildliche Idol ist heute ein Egoist, der von Fans verehrt wird.

Die Gegenprobe – Ein unerfüllter Glaube

Jeder Christ muss die kritische Gegenprobe seiner religiösen Überzeugung machen, d.h. die Zweifel an seinem Glauben zulassen. Der christliche Glaube verheisst dem Gläubigen den Himmel am Ende des Daseins und die Anschauung GOTTES. Das Leben vollendet sich im ewigen Glück. Das ist eine wunderbare Perspektive. Diese Zukunftsvision lässt sich natürlich nicht beweisen. Ist die christliche Deutung der Lebensweise dennoch vernünftig und angemessen, wenn die grossen Verheissungen nach dem eigenen Tod sich nicht erfüllen? Die Antwort ist ein Ja, denn die Lebensweise Christi ist die beste Option für ein menschenwürdiges Leben, weil sie den grundgelegten menschlichen Voraussetzungen entspricht

Die geistige Person ist individuell begabt und frei in ihren Entscheidungen. Das Individuum bestimmt mit seinem Gewissen seinen Lebensweg. Die Annahme, dass die Liebe die Grundkraft des Lebens sei, wie das Christentum vorschlägt, deckt sich mit der kindlichen Grunderfahrung. Das Kind überlebt in der feindlichen Welt nur, wenn es von den Mitmenschen geliebt und genährt wird. Weil die Menschen einen freien Willen besitzen, ein beschränktes Wissen haben und widrige Lebensumstände erfahren, machen sie immer wieder Fehler, verhalten sich ungerecht und begehen Bosheiten. Wie müssen die nun die Geschädigten reagieren? Sie verlangen von den Bösen Reue und Wiedergutmachung, aber ohne die Fähigkeit sich gegenseitig verzeihen zu können, zerfällt offensichtlich jede Gemeinschaft. Die Feindesliebe, wie sie Christus lehrte, gehört daher zur Grundstruktur des gemeinsamen Lebens.

Das Christentum entspricht der menschlichen Natur und bietet für die grossen gesellschaftlichen Probleme sinnvolle Lösungen an. Selbst wenn sich der wunderbare Glaube an die gute Vollendung der menschlichen Existenz in der jenseitigen Welt nicht erfüllen würde, so bleibt die Lebensweise im Geiste Christi für jede Person eine gute und vernünftige Option. In der gelebten Nächstenliebe und im geistigen Wohlwollen aller Menschen, wird das gemeinsame Leben in der menschlichen Gesellschaft erträglich und lebenswert. Der Gläubige hat also in dieser Welt eine rationale und vernünftige Option und im Vertrauen auf GOTT eine glückliche Zukunft vor sich in der jenseitigen Wirklichkeit. In der Gegenprobe widerspricht der christliche Glaube nicht der menschlichen Natur. Vielmehr vollendet die christliche Deutung die grundgelegte Natur des Menschen.

Die gottlosen Deutungen der menschlichen Existenz offenbaren dagegen nur die negativen Aspekte des Lebens. Die Macht ersetzt die Zuneigung. Das Leben wird als ein darwinistischer Überlebenskampf dargestellt, und in einer Welt ohne GOTT offenbaren die Menschen nur ihre ganze Grausamkeit. Das Gegenteil von Glauben und Vertrauen ist das tödliche Misstrauen.

Die Orientierungslosigkeit der gottlosen Welterklärung

Der christliche Glaube an den GOTT der Liebe gibt dem Gläubigen einen starken Halt, Zuversicht für die Zukunft und eine innere Gelassenheit gegenüber den Widerwärtigkeiten des Daseins. Der Christ hat eine sichere Orientierung im Leben gefunden und dank der Botschaft Christi mit der GOTTES-und Nächstenliebe einen brauchbaren Kompass für sein Denken und Handeln bekommen. Das ist das wunderbare Geschenk des Glaubens.

in der Aufklärung haben sich die Menschen geistig neu orientiert. Der alte Glaube wurde mit dem rationalen Wissen überwunden. Man konnte jetzt mit der Logik aufzeigen, dass es keinen Beweis für die Existenz GOTTES gibt. Diese Erkenntnis erfüllte die Aufklärer mit Stolz. Das Christentum war nun endgültig überwunden. Das Wissen und die Wissenschaft sollten in Zukunft die Zustände auf der Welt verbessern und die Menschheit glücklich machen. In der Französischen Revolution wurde GOTT abgeschafft und die Vernunft zur Göttin erhoben. Die Aufklärer wollten sich von der Herrschaft des Adels und der Kirche befreien, und sie erklärten sich selbstherrlich als freie Bürger. Aus dieser Freiheit leiteten die gottlosen Jakobiner das Recht auf ihren Terror ab.

Das aufgeklärte Wissen und die politische Macht regieren seither die Welt. Die kommende Industrialisierung schien diese Weltanschauung glaubwürdig zu bestätigen. Später erklärte Marx die Religion sei Opium für das gemeine Volk und lehrte in seiner wissenschaftlichen Forschung, dass die Klassenkämpfe die Ursache für alle gesellschaftlichen Veränderungen seien. Er behauptete: Jetzt beginne der letzte Kampf, der mit dem vollständigen Sieg der Proletarier über die Bourgeois enden werde, und mit dem Kommunismus könne man das Paradies auf Erden verwirklichen. Die Gerechtigkeit würde regieren und sie mache alle Menschen glücklich. Diese ideologische Philosophie wurde als eine wissenschaftliche Erkenntnis vorgetragen, doch das angeblich bessere und neue Wissen verwandelte sich im Kommunismus zu einer grossen Lüge.

Wie schon die Jakobiner benutzte die kommunistische Partei Angst und Gewalt, Terror und Ermordungen als legitime Mittel, um sich durchzusetzen und an der Macht zu bleiben. Die eingesetzten Mittel waren grausam und unmenschlich. Der hochgelobte Kommunismus entpuppte sich als eine ideologische Lügenpropaganda. Das Paradies blieb aus. Realisiert wurde dagegen der Gulag in dem Millionen von Menschen umgebracht wurden. Doch im ideologischen Denken gefangene Mitbürger glauben noch immer an das kommunistische Paradies, und sie rechtfertigen jede Grausamkeit mit der Uneinsichtigkeit der Gegner.

In einer gottlosen Welt können die Mächtigen machen, was sie wollen. Auch der Nationalismus missbraucht das „richtige“ Wissen, um die Migranten ausweisen zu können. Die Gotteskrieger des Islams haben das Wissen Allahs und töten rechtmässig die „Ungläubigen“. Klimaaktivisten müssen die zögerlichen Mitbürger mit Gewaltaktionen zum richtigen Handeln zwingen. Dazu kommen die neuen elitären „Weltverbesserer“ an den Universitäten, die überall vergangene Ungerechtigkeiten finden, und jetzt Genugtuung von den Nachkommen erzwingen wollen. Anklagen, Boykotte, Lärmen, Ausbuhen, Blockieren etc. sind alltägliche Mittel, um die gewünschten Ziele zu erreichen. Allen diesen Bewegungen ist gemeinsam, dass sie mit ihren ideologischen Forderungen die Gesellschaft nicht vereinen, sondern polarisieren und spalten.

Mit dem Verlust des gemeinsamen christlichen Glaubens breitet sich eine grosse Orientierungslosigkeit in der Gesellschaft aus. Doch diese Tatsache wird bis heute ignoriert, denn die neuen Besserwisser verhindern jede Rückkehr zu Glauben und Vertrauen als Basis für die menschlichen Beziehungen. Man weiss angeblich, dass man mit der Wissenschaft immer im Recht ist, und vergisst, dass auch der Weg der Wissenschaft ein ständiges Stolpern von Fehlurteil zu Fehlurteil war, bis man erst am Ende ein gültiges Resultat fand. Ein kritischer Blick auf das „wissenschaftliche“ Verhalten der Menschheit ergibt kein gutes Ergebnis. Die ursprünglichen Gemeinschaften zerfallen in immer mehr spezielle Minderheiten, die sich feindlich sind. Statt dass sich die Menschen dank dem gesteigerten Wissen besser verstehen, entstehen ständig neue ideologische Gruppen, die andere Menschen anklagen.

Das wissenschaftliche Denkmodell wird der menschlichen Wirklichkeit nicht gerecht. Der geistige Mensch kann nicht auf ein Objekt reduziert werden, das man eindeutig analysieren kann, weil jedes Individuum frei denken und handeln kann. Dazu kommen das Fühlen und das Wollen, die konkreten realen Möglichkeiten, die persönlichen Ideen und die individuelle Selbsteinschätzung. Was also die Menschen und die Gesellschaft jeweils machen werden, das kann nur mehr oder weniger vermutet werden. Es gibt daher kein sicheres Wissen über das subjektive Verhalten und keine Beweise für die Richtigkeit von Ideen über das Handeln der Gesellschaft. Jede Person ist ein einmaliges Subjekt, das von der Gemeinschaft auch respektiert werden sollte. Anderseits muss jede Person sich auch aktiv um das Wohl der Gemeinschaft bemühen.

Wenn der religiöse Glaube verschwindet, so bleibt einer Person nur noch das angeblich „sichere“ Wissen an die erfundenen Ideologien der Menschen. Das ist keine gute Perspektive, weil jedem denkenden Mensch die Fragwürdigkeit neuer Ideologien bewusst ist. Daher werden diese ideologischen Ansichten von den besserwissenden Eliten in pseudowissenschaftliches Wissen verwandelt, das dann mit den Mitteln der Gewalt den Gegnern aufgezwungen werden kann. Alle Ideologien behaupten mit ihrem Wissen ein sicheres Ergebnis vorweisen zu können. Doch das ist nicht wahr.

Wer den christlichen Glauben verwirft, der auf einer Offenbarung GOTTES beruht, der muss an die zweifelhaften Vorstellungen und Phantasien der Ideologen glauben.

Es gibt über das Wesen der Menschen und der Gesellschaft kein umfassendes Wissen, das nicht dem vernünftigen Glauben und dem gefühlten Vertrauen unterstellt ist. Diese grundlegende Einsicht in die menschliche Wirklichkeit wird von allen Ideologien bestritten. Sie behaupten immer, nur sie allein hätten das wahre und sichere Wissen und sie seien deshalb auch berechtigt gültige Vorschriften zu machen. Dazu gehören neue korrekte Sprachregelungen ideologische Vorschriften und „antidiskriminierende" Gesetze. Die militante moralische Verbesserung der Menschen nach den wahren und richtigen ideologischen Ansichtigen ist ihr grosses Ziel.

Die moderne Aufklärung mit den neuen ideologischen Behauptungen führt in eine Verdunkelung der Wirklichkeit. Statt Verständigung wird Trennung angeboten. Mit System wird der überlieferte Familienbegriff aufgelöst und durch wirre Wohngemeinschaften ersetzt. Vater und Mutter werden neu als Elternteile angesprochen. Kinderrechte werden festgelegt und an Stelle der religiösen Erziehung werden soziale Kompetenzen den Kindern beigebracht. Der Erfolg wird zum Lebenszweck. Wissen und Können, Egoismus und Kompetenzen ersetzen die Gewissensbildung. Usw.

All diese ideologischen Forderungen verhindern den Aufbau einer guten Gemeinschaft, weil der reine Egoismus als Grundkraft des Menschen festgesetzt wird. Die Menschen sind in einer gottlosen Welt nur noch sich selbst gegenüber verantwortlich. Jeder soll und kann sich selbst nach seinen Wünschen verwirklichen. Allen Egoisten gemeinsam ist daher die Unfähigkeit echte Gemeinschaften zu bilden. Das Ergebnis dieser Weltanschauung ist die Vereinsamung der Personen und eine zerstrittene Gesellschaft. Mit dem Verlust des christlichen Glaubens wird der ständige Kampf um die eigenen Vorteile immer brutaler und das Leben auf diese Welt immer rücksichtsloser.

Mit dem gelebten Egoismus wird auch der Blick auf die Mitmenschen vom Nutzen bestimmt. Man sieht nur noch den möglichen Nutzen in den Beziehungen zu den Mitmenschen. So wird verständlich, dass so viele Bürger in der Politik nur den eigenen Vorteil suchen, Unrecht übersehen, Bosheiten tolerieren und verlogene Politiker unterstützen. In den ideologischen Parteien hat die Wahrheit keinen Wert. Wahr ist nur das, was uns nützt. Als Rechtfertigung für dieses unmoralische Verhalten wird dann der Satz zitiert: *Das machen alle Andern auch so!* Damit fühlt man sich wieder im Recht.

Das Leben in der menschlichen Gesellschaft ist immer kompliziert und auch konfliktgeladen. Jede Person hat als ein eigenständiges Subjekt ein persönliches Bewusstsein, eigene Wünsche und Vorstellungen, ein begrenztes Wissen, einen freien Willen, Gefühle und Ahnungen, Hoffnungen und

Erwartungen, die nur teilweise von den Mitmenschen erfüllt werden. Wenn zwischen den Menschen die wohlwollenden Beziehungen fehlen, dann werden alle Kommunikationen schwierig. Die Gespräche werden jeweils zu einer einsamen Wanderung in einem Minenfeld. Man redet vom Gleichen und versteht doch nicht das Gleiche. Diese Tatsache leugnet jede Ideologie, denn sie hält allein ihre Sprache für universal, eindeutig und richtig.

Sogar der religiöse Glaube kennt das Dogma als ein Versuch die Wirklichkeit GOTTES in der Welt eindeutig zu verstehen. Dabei aber sind die Gläubigen sich immer bewusst, dass sie an diese Wahrheit von ganzem Herzen glauben können, aber kein sicheres Wissen haben. Nur fromme Ideologen behaupten dagegen, dass sie ein sicheres Wissen über GOTT und die Menschen besitzen. Doch diese Behauptung ist lediglich ein eingebildetes Wunschdenken.

Kein Mensch hat ein sicheres Wissen über sich und die Welt.

Der Verlust des Glaubens an Christus und seine Botschaft hat daher schwerwiegende Folgen für das menschliche Leben. Ohne einen realen Bezug zur göttlichen Wirklichkeit ist der Mensch auf sich selbst zurückgeworfen. Die individuelle Person ist in dieser Weltanschauung ohne GOTT der Gesellschaft völlig ausgeliefert. Allein die Gesellschaft macht die moralischen Vorschriften und kontrolliert das Verhalten der einzelnen Individuen. Da es kein umfassendes und richtiges Wissen über die menschlichen Beziehungen gibt, entstehen immer wieder neue ideologische Konzepte. Streitereien und die Machtkämpfe sind in jeder modernen gottlosen Gesellschaft programmiert.

Ohne GOTT wird der Egoismus zur bestimmenden Urkraft im menschlichen Kampf um das Überleben. Die effektive Macht regelt wer Herr und wer Knecht ist. In diesem weltlichen Konzept ist jeder sich selbst der Nächste. Das Gute und das Böse sind nur noch die jeweils passenden Hilfsmittel im Kampf um die Vorherrschaft. Je brutaler die eingesetzten Mittel sind, umso grösser ist der Erfolg. Alle Despoten und Tyrannen beherrschen mit dem Terror ihre Untertanen. Wer sich nicht anpasst und unterwirft, wird bestraft, bzw. umgebracht. Auf diese Weise wird jede mitmenschliche Solidarität zerstört. Millionen von Menschen werden ausgebeutet und ruiniert, aber sie können die neuen allmächtigen Gottmenschen nicht entthronen. Die gottlosen Herrscher organisieren sich ihre eigene Moral, reden von himmlischen Zuständen, aber sie produzieren eine Hölle des Terrors und verwandeln sich zu realen Teufeln.

Das mag im ersten Blick übertrieben erscheinen, aber im Nahen Osten ist dieser Höllenzustand seit Jahren aktiv. Jeder ist gegen jeden, Lug und Betrug sind allgegenwärtig, Mord und Totschlag werden täglich verübt. Krieg, Hunger und Verzweiflung begleiten das Leben dieser Menschen. Die herrschenden Tyrannen in einer gottlosen Welt haben kein Gewissen, und sie wollen keinen Frieden, sondern als Götter mit ihrer Pseudoreligion die Macht behalten.

Der Religionsverlust und seine Folgen

Da ist wahrscheinlich kein Gott. Also sorg dich nicht, geniesse das Leben.
(Die gottlosen Heerscharen. NZZ 10.2. 2024 S.13)

Die aktiven Atheisten haben diese Lebensperspektive auf Plakaten öffentlich verbreitet. Das ist ihr Recht. Doch ist diese Philosophie wirklich einsichtig und genussreich? Es ist grundsätzlich nur eine Aufforderung zum Hedonismus. Ohne GOTT kannst du machen, was du willst. Nonchalant heisst es, man solle sich keine Sorgen machen und übersieht völlig, dass nicht GOTT, sondern die Gesellschaft dem Individuum Sorgen macht. Etwas deutlicher ausgedrückt ist der Slogan lediglich eine simple Aufforderung zu einer egoistischen Lebensweise. Diese ichbezogene Denkweise hat sich mit dem Verlust der christlichen Lebensweise in Europa eingebürgert.

Ohne GOTT ist automatisch der intelligente Mensch mit all seinen Mängeln das höchste Wesen. In diesem menschlichen Selbstverständnis ist Kampf um die besten Plätze in der Gesellschaft programmiert. Zur Beruhigung verweist man auf die hehre Maxime: „Gütig und hilfreich sei der Mensch!“ Doch das ist nur ein frommer Wunsch, denn im Blick auf das politische Verhalten der Bürger ist das Gegenteil der Fall. Da ist jeder gegen jeden, und man schenkt einander nichts, denn erst die Rücksichtslosigkeit ermöglicht den sicheren Erfolg.

In der Tat hat sich seit dem Verlust der christlichen Lebensgestaltung das Klima in den menschlichen Beziehungen massiv verschlechtert. Man lebt nicht mehr für- und miteinander; man lebt jetzt neben- und gegeneinander in separaten Gruppen von Gleichgesinnten. Das Gemeinschaftsverständnis der Menschen ist heute auf das Niveau eines Fussballvereins abgesunken, und wie im Stadion vollendet sich das Gemeinschaftsgefühl im gemeinsamen Gebrüll. Nicht mehr im Wohlwollen, sondern nur noch in passenden Äusserlichkeiten verbinden sich die Individuen zu einer Gemeinschaft.

Mit dem neuen „wissenschaftlichen“ Denken hat sich auch die Wahrnehmung der Wirklichkeit verändert. Die abstrakten Begriffe werden als starre und eindeutige Objekte des Wissens verstanden. Man ist nicht mehr fähig in einem Begriff gleichzeitig mehrere unterschiedliche Ausformungen zu erkennen. Wird das Wort „Mensch“ ausgesprochen, so muss jetzt sofort der Begriff objektiv klargestellt werden: Elternteil, Rentner*, Zöllner`innen, Transperson, etc. Die Begriffe werden wie eindeutige Zahlen definiert und eingesetzt. Die in den abstrakten Begriffen enthaltene Mehrdeutigkeit wird geleugnet. Man glaubt und vertraut nicht mehr in das umfassende Wort, weil man jetzt jedes Wort mit einem sicheren Wissen verbindet. Die Sprache wird nicht mehr für den Austausch von Beobachtungen, Ansichten und Meinungen benutzt, denn man hat in der eigenen abstrakten Sprechweise bereits das wahre richtige Wissen. Mit dem eigenen richtigen Wissen werden die Ideen zu eindeutigen Ideologien

gemacht, die man nicht mehr der Kritik unterwerfen darf. In jeder Ideologie werden die Menschen gezwungen, sich der absoluten ideologischen Macht des Wissens über das gesprochene Wort zu unterwerfen.

Die Ideologen reden von Inklusion und sehen überall nur Exklusion. Man ruft nach Gleichheit und findet immer mehr Ungleichheiten. Minderheiten werden speziell hervorgehoben und die Mehrheit wird gezwungen sie zu umarmen. Im neuen ideologischen Denken müssen die Ungleichen von den Gleichen inkludiert werden. Das sind unredliche Theorien, denn die Ungleichen bleiben ungleich. Eine Frau ist kein Mann und ein Mann keine Frau. Wenn mit dem Begriff „Frau“ das Wesen als Mensch mitbedacht wird, so werden mit dem weiblichen Begriff auch die männlichen Menschen ganz allgemein mitgedacht.

Die Sprache gleicht der Musik. Der einzelne Ton ist ein reiner Lärm. Erst die sinnvolle Aneinanderreihung von reinen Tönen ergibt ein harmonisches Musikstück. Wenn aber die einzelnen Töne separat herausgehoben werden, dann entsteht ein schrilles Staccato. Das Gleiche geschieht in der Sprache, wenn jeder Begriff ständig von andern Begriffen getrennt wird. Wie in der Musik verbindet der Hörer in jeder Rede den verstandenen Inhalt und das angesprochene Gefühl, denn erst im Zusammenhang der ganzen Rede bekommen die einzelnen Worte ihre wahre und gefühlte Bedeutung.

Die menschliche Kommunikation beruht auf der Bereitschaft in den ausgesprochenen Worten auch das nicht Ausgesprochene aber Mitgedachte wahrzunehmen, die grösseren Zusammenhänge zu bedenken, und mit Wohlwollen die Botschaft zu beurteilen. Wenn allerdings überall nur noch das Trennende hervorgehoben wird, bricht die Kommunikation ab. Wutbürger und empörte Aktivisten reden offensichtlich nicht mehr mit der Umwelt. Im Staccato wollen sie die gesellschaftlichen Veränderungen erzwingen. Sie fühlen sich als die korrekten Herrscher über die Mitmenschen. Dieser kalte und gefühllose Umgangston in der menschlichen Gesellschaft ist die natürliche Folge der aktuellen Religionslosigkeit. Man anerkennt nur sich als Herr oder Herrin.

Ohne Ehrfurcht und staunende Dankbarkeit vor dem liebenden Schöpfer und GOTT, bricht das spontane mitmenschliche Mitgefühl zusammen. Man sieht nur noch das Trennende auf dieser Welt. Im christlichen Glaubensverständnis ist es gerade umgekehrt. Alle Menschen werden in der göttlichen Liebe existenziell gleichwertig geschaffen und sie sind immer in der wahren menschlichen Nächstenliebe miteinander verbunden. Diese Einsicht in die verborgene Kraft der Liebe GOTTES macht die Menschen zufrieden und glücklich. Die Gottvergessenheit dagegen macht die Menschen aufsässig. Ein Denkmodell ohne den religiösen Glauben an die göttliche Liebe ist keine gute menschliche Erfindung.

Schlussfolgerungen

Die Wahrnehmung des unsichtbaren GOTTES in der sichtbaren Kirche

Das Problem der der Menschen in dieser Zeit ist die Unfähigkeit Unsichtbares in dieser Welt wahrzunehmen. Alle meinen, dass man sich mit dem richtigen Wissen erfolgreich und gewinnbringend durchsetzen muss. Das Denken und planen kreist ständig um die materiellen Dinge, von denen man glaubt, dass sie für das Leben notwendig seien. Noch nie besassen Menschen so viele Luxusgüter wie heute in den Ländern des Wohlstandes. Das verblüffende an dieser Situation ist die Tatsache, dass die Reichen immer mehr besitzen wollen und nie genug haben. Mit dem gesteigerten Lebensstandard ist gleichzeitig die Angst gewachsen, dass der Wohlstand wieder zerfallen kann. Genügsamkeit und Bescheidenheit sind heute keine Tugenden, die man erstreben sollte. In diesem Umfeld wird das Bescheidene und das Unsichtbare nicht mehr beachtet. Diese Einstellung haben auch viele Kirchgänger verinnerlicht.

Daher muss das spirituelle Reich GOTTES wieder in der kirchlichen Gemeinschaft sichtbar werden. Erst wenn in der kirchlichen Gemeinschaft die Gläubigen die Liebe GOTTES erneut als Realität wahrnehmen, wird die Kirche wieder aktiv und lebendig. Sobald die Christenheit das ursprüngliche Vertrauen in das Wirken des Heiligen Geistes gläubig erneuert, und die Nächstenliebe im Denken und Handeln verwirklicht, lösen sich die gegenwärtigen Konflikte auf. Dann ist die Kirche eine Gemeinschaft des Vertrauens, des Wohlwollens und der liebenden Mitmenschlichkeit und nicht länger ein Verein von gleichgesinnten Mitgliedern.

„Als sie gebetet hatten, bebte der Ort, an dem sie versammelt waren, und alle wurden mit dem Heilen Geist erfüllt, und sie verkündeten freimütig das Wort GOTTES. Die Gemeinde der Gläubigen war ein Herz und eine Seele“
(Apg 4, 31,32a).

Johannes XXII. hat mit der Einberufung des Konzils eine sichtbare Erneuerung der katholischen Kirche ermöglicht. Nicht neue Vorschriften, sondern ein offenes und spirituelles Denken sollte das Antlitz der Kirche verjüngen und der Zeit anpassen. Im Konzil wurde dieser geistige Aufbruch sichtbar verwirklicht. Die Freiheit des Menschen in religiösen Fragen wurde offiziell anerkannt und man war auch bereit den Laien mehr Mitsprache in der Seelsorge zu gewähren. Leider blieb das Projekt zur Gesamterneuerung der Kirche nach dem Konzil in kleinlichen Streitfragen stecken. Das klerikale Kirchenverständnis blieb bestehen, und von den Gläubigen wurde wie bisher Gehorsam und Unterwerfung unter die kuriale Kirchenleitung verlangt. Man redete von einer kirchlichen Erneuerung und regierte weiter mit der alten autoritären Kirchenstruktur. Die Erneuerung der Kirche wurde von der unabänderlichen dogmatischen Denkstruktur verschluckt. Seither ist der Dialog zwischen den Gläubigen und der Kirchenleitung vollständig zerbrochen.

Der gegenwärtige innerkirchliche Konflikt hat zu keiner wirklichen Vertiefung des Glaubens geführt, weil der Glaube ständig mit dem richtigen Wissen verwechselt wird. Da aber das Christentum in der gelebten Nachfolge Christi verwirklicht wird, ist grundsätzlich jeder einzelne Christ aufgerufen mit seinem Glauben sich persönlich zu befassen. Nur über die individuelle Beziehung des Gläubigen zu Christus kann der Mensch die Erfahrung der göttlichen Wirklichkeit finden. Die Suche nach GOTT ist daher ein freier und bewusst gewollter Akt der geistigen Person. Jeder Christ muss persönlich auf diesen Weg gehen. Dabei findet er GOTT mit dem Gewissen aber nicht mit dem dogmatischen Wissen.

Das Selbstverständnis der Gläubigen muss sich folglich der existenziellen Wahrnehmung der realen Welt anpassen. Gegenwärtig erkennen die Menschen sich und die Welt nur noch logisch und intellektuell. Mit dem abstrakten wissenschaftlichen Erkennen wird alles Sein analysiert und alle Dinge als feste Objekte betrachtet. Selbst die Gläubigen verstehen sich und die Welt auf diese Weise, und der religiöse Glaube wird als ein „übernatürliches“ Wissen verstanden. Die Dogmen müssen deshalb in diesem rationalen Konzept wie wissenschaftliche Ergebnisse unbedingt angenommen werden. Doch dieses Glaubensverständnis entspricht nicht der Botschaft Christi, denn Christus sah in der Liebe und nicht im Wissen den wahren Weg zu GOTT. Die Gläubigen müssen sich deshalb von ihrem „sicheren“ Wissen in Glaubensfragen trennen, wieder kritisch glauben und redlich dem Heiligen Geist vertrauen.

Alle Gläubigen müssen sich heute intensiv und ganz persönlich mit den existenziellen Fragen des eigenen Daseins in dieser Welt beschäftigen. Für die Selbsterkenntnis ist die Logik unzureichend, denn die Selbsterkenntnis ist ein intuitiver geistiger Vorgang, und beruht auf einer spirituellen und gefühlten Wahrnehmung. Am Anfang der eigenen Selbsterkenntnis war die gefühlte Wärme in den Armen der Mitmenschen. Der Ursprung der geistigen Erkenntnis beruht also auf der Empathie, bzw. der gespürten Zuneigung der mich ernährenden Umwelt. Auf dieser Grundlage baut sich im Erwachen des persönlichen geistigen Bewusstseins das rationale und logische Denken auf.

Das moderne wissenschaftliche Denken hat die ursprüngliche Wahrnehmung der Realität verlassen und baut im menschlichen Bewusstsein ein abstraktes Abbild der Welt auf. Diese geistigen Abstraktionen bleiben aber immer Ideen und sie sind nicht die wahre Realität. Diese Tatsache unterschlägt das neue wissenschaftliche Weltbild, und suggeriert, dass die menschliche Gesellschaft in Wahrheit über alles das richtige und absolute Wissen finden werde.

Diese Überhöhung der logischen Erkenntnis ist eine unlautere Denkweise. Die Menschen müssen immer an das eigene Ich, an die aktuellen Deutungen der Welt und an die Gültigkeit ihrer geistigen Wahrnehmungen glauben. Jedem rationalen Wissen steht ein noch grösseres und reales Nichtwissen entgegen. Die richtige Erkenntnis der Welt ist eine gefühlte und vernünftig gedeutete Wahrnehmung der Wirklichkeit. Dagegen kann die abstrakte logische Erkenntnis allein die unsichtbare Wirklichkeit nicht sehen und erkennen.

Das angenommene gläubige christliche Weltbild ist für die Selbstwahrnehmung von zentraler Bedeutung, denn das Unsichtbare wird nicht vom Erkenntnisprozess ausgeschlossen. Ich glaube im religiösen Weltbild an die rationalen wissenschaftlichen Erkenntnisse und an die realen unsichtbaren Wahrnehmungen. Das bedeutet: An mein sichtbares Ich, an mein geistiges Bewusstsein und an den unsichtbaren Weltgrund, bzw. an GOTT glaube ich. Als Christ nehme ich staunend den Urgrund der Welt mit Empathie wahr. Nicht über den rationalen Verstand, sondern nur über die Fähigkeit der mitfühlenden Empathie kann das menschliche Bewusstsein GOTT wahrnehmen. In diesem Weltbild ist GOTT die wohlwollende Liebe und allgegenwärtig anwesend. Nur auf dieser Basis wird die Frohbotschaft Christi sinnvoll und verständlich. Hat eine Person das ursprüngliche Staunen verloren, so hat sie auch keinen Zugang zur göttlichen Wirklichkeit, denn der einzige Weg zu GOTT führt über das Staunen und die gefühlte Dankbarkeit.

GOTT ist die wohlwollende Liebe

Alle Emotionen und Gefühle werden im wissenschaftlichen Denken radikal und endgültig ausgeschaltet. Nimmt der Mensch nur die sichtbare materielle Welt der logischen Gesetze an, so kann er sich selbst mit seinem freien Willen überhaupt nicht verstehen und er muss sein eigenes Ich als Opfer physischer Zwänge deuten. Alle Ideologen lehnen deshalb den freien Willen des Menschen ab, und sie sehen in den Individuen nur mangelhafte Objekte, die man mit dem richtigen Wissen passend in die Gesellschaft einordnen müsse. In diesem Weltbild verliert die Person ihre reale Eigenständigkeit und alle Menschen werden unter dem Gesichtspunkt der Massenproduktion analysiert, manipuliert und zu Recht gestutzt. Das Individuum wird in diesem Denkmodell vollkommen der gesellschaftlichen Willkür ausgeliefert.

Die Hauptprobleme in jeder menschlichen Gesellschaft sind das objektive Unrecht und die subjektiven, gefühlten erlittenen Verletzungen. Kein Unrecht kann rückgängig gemacht werden. Die Menschen haben keine Möglichkeit das Böse aus der Welt zu schaffen. Es ist offensichtlich auch keine vernünftige Lösung, wenn Gerichte den straffälligen Mörder gerichtlich ermorden. Daher glauben weiterhin viele Menschen an ein himmlisches Strafgericht, das dann die Bösen schlussendlich doch noch bestrafen soll.

In dieser Welt kann die göttliche Bestrafung allerdings nicht nachgewiesen werden. Trotzdem erwarten viele Menschen ein endgültiges Strafgericht, und klammern sich an einen Gott, der für Recht und Gerechtigkeit sorgt. Sie erwarten eine göttliche Gerechtigkeit, die sicher und endgültig jene bösen Menschen bestraft, die eine menschliche Gerichtsbarkeit nicht zur Widergutmachung zwingen konnte.

Dieser Wunsch nach einem Gott der Rache widerspricht allerdings dem logischen Denken, denn wie kann ein gerechter Gott das Unrecht überhaupt zulassen. In dieser Vorstellung wird GOTT einem Sadisten gleichgestellt: Gott erschafft die Menschen als Sünder, und die sündigen Menschen müssen böse Werke tun, damit Gott sie auch bestrafen kann!

Die Menschen können mit ihrem logischen Verstand allein, weder sich selbst noch die Wirklichkeit vernünftig und sinnvoll erklären. Die menschliche Wahrnehmung ist glücklicherweise grösser als die logische Intelligenz. Die wachen geistigen Personen müssen und können die Realität mit ihrem Gewissen vernünftig und gläubig deuten. So müssen auch die Gläubigen ihren Glauben wahrnehmen und ihn gleichzeitig kritisch hinterfragen: Ist mein Glaube sinnvoll und gut?

Was dem Herzen sich verwehrte,
lass es schwinden unbewegt
Allenthalben das Entbehrte
wird dir mystisch zugelegt.

Liebt doch GOTT die leeren Hände,
und der Mangel wird Gewinn.
Immerdar enthüllt das Ende
sich als strahlender Beginn.

Jeder Schmerz entlässt dich reicher.
Preise die geweihte Not.
Und aus nie geleertem Speicher
nährt dich das geheime Brot

(Bergengruen)

Empfehlungen

Christus

Nach der nicht erfolgten kirchlichen Reform seit dem Konzil durch den Klerus ist der einzelne Christ persönlich aufgerufen sich geistig neu an der Botschaft Christi zu orientieren. Das sind die wichtigsten Punkte.

Die Glaubensvertiefung ist nur möglich, wenn sich der Gläubige täglich viel Zeit zum Nachdenken und zum Lesen der neutestamentlichen Texte nimmt.

Die echte spirituelle Erneuerung des Glaubens erfordert eine gründliche und persönliche Wahrnehmung der gesamten christlichen Überlieferung.

In allen Gewissensentscheiden steht Christus als Freund, Helfer und Berater dem Gläubigen zur Seite.

Der Christ ist nicht ein kirchliches Vereinsmitglied, das der Kirchenleitung gehorsam schuldet. Das Christsein beruht auf einer gefühlten Berufung durch Christus und in der bewussten Annahme seiner Botschaft.

GOTT

Nur über die staunende Dankbarkeit kann das menschliche Bewusstsein die Wirklichkeit GOTTES wahrnehmen.

GOTT ist die wohlwollende Kraft der Liebe, und nicht der Vollstrecker der ausgebliebenen irdischen Gerechtigkeit.

Der Glaube an GOTT ist keine eigene Erfindung, sondern ein göttliches Geschenk, das gepflegt werden muss.

Die Gläubigen lassen sich ausschliesslich vom verheissenen Heiligen Geist leiten und führen.

Das Wesen der kirchlichen Tätigkeit ist die Realisierung des Reiches GOTTES auf dieser Welt. In diesem Reich arbeiten der Heilige Geist und die vielen Christen gemeinsam zum Wohle aller Geschöpfe zusammen.

Das Reich GOTTES, bzw. die Kirche kennt weder Zwang noch Gewalt sondern nur Mitgefühl und Hilfsbereitschaft

In den selbstlosen Akten der Nächstenliebe folgt der Christ dem Beispiel Christi.

***„Das ist das ewige Leben: dich, den einzigen wahren GOTT zu erkennen und Jesus Christus, den du gesandt hast“* (Joh 17,3)**

Vollendung

Die Liebe hört niemals auf.

Jetzt schauen wir in einen Spiegel

Und sehen nur rätselhafte Umrisse,

dann aber schauen wir von Angesicht zu Angesicht.

Jetzt erkenne ich unvollkommen,

dann aber werde ich durch und durch erkennen,

so wie auch ich durch und durch erkannt worden bin.

Für jetzt bleiben Glaube, Hoffnung und Liebe. Diese drei,

doch am grössten unter ihnen ist die Liebe.

(1Kor 13, 8.12.13)

Inhaltsverzeichnis

Printed by Books on Demand GmbH, Norderstedt / Germany